财经知识读本

水煮外汇

胡冬鸣　编著

中国财政经济出版社

图书在版编目（CIP）数据

水煮外汇／胡冬鸣编著．—北京：中国财政经济出版社，2015.8

（财经知识读本）

ISBN 978－7－5095－6359－5

Ⅰ.①水…　Ⅱ.①胡…　Ⅲ.①外汇交易－基本知识　Ⅳ.①F830.92

中国版本图书馆CIP数据核字（2015）第196939号

责任编辑：李　冰　　　　责任校对：胡永立

封面设计：汪俊宇　　　　版式设计：董升萍

插　　图：周　荥

中国财政经济出版社 出版

URL：http：//www.cfeph.cn

E－mail：cfeph＠cfeph.cn

社址：北京市海淀区阜成路甲28号　邮政编码：100142

营销中心电话：88190406　北京财经书店电话：64033436　84041336

北京中兴印刷有限公司印刷　各地新华书店经销

880×1230毫米　32开　8.375印张　131 000字

2015年8月第1版　2015年8月北京第1次印刷

定价：28.00元

ISBN 978－7－5095－6359－5/F·5125

（图书出现印装问题，本社负责调换）

本社质量投诉电话：010－88190744

打击盗版举报热线：010－88190492，QQ：634579818

财经知识读本编写委员会

策　　划：李　冰　胡冬鸣　刘　畅

编写人员：胡冬鸣　田春丽　王　静

写在前面的话

事事匆匆。当时间已经临近 2015 年 6 月末的时候，我们忽然发现，在过去一年多的时间里，中国竟发生了这样多的事情：人民币已经完成了区域化结算货币的过程、世界上已经有这么多的国家开始与中国实行货币互换、人民币离岸中心在许多传统的国际金融市场扎根发展、中国人带着大量的信用卡到境外旅游与刷卡消费、有许多的国家和地区的政府与居民开始储备人民币、人民币与许多国家的货币实现了直接兑换。而所有这些变化，使我们不得不回忆起 20 世纪 90 年代初期，国家紧缺外汇的尴尬境遇。而那时候国人的外汇知识可以说是少得可怜。但今天不同，中国的外汇储备特别是美元储备占到了世界的第一位、中国还是美国国债持有量第一的国家、中国的炒汇人数居全球第一。谁也没有想到今天会有这么多的中国人有外汇的储蓄、有这么多的中国人想加入炒汇的队伍、有这么多的中国人想知道给国外读书的子女汇款的方法、有这么多的中国人想知道境外结算和取现的规则。适逢中国财政经济出版社的编辑有这样的想法与我们这些平时忙于教学但又想写点文字的老师们不谋而合，并给我们提供了极好的平台。写这样一本小册子，就是想向广大读者普及外汇及其交易的相关知识，解决大家的外汇知识饥渴问题。当然，在这本小册子里也就当前诸多的外汇热点问题进行了适时的介绍与点评。

需要说明的是，投资其实是个让人捉摸不透的东西。这本小册子的责任并非是向大家提供规则或布道，而只是一些建议而已。拿主意的是您自己，投资失败是您自己的事，并非我们提供的知识所致。

作者写于融科香雪兰溪

2015年6月

目　　录

1. 汇海茫茫，其实我们接触最多的仍是外币

我们所熟知的外汇通常有广义和狭义两种解释。广义的外汇是指一国拥有的一切以外币表示的资产，是指货币在各国间的流动以及把一个国家的货币兑换成另一个国家的货币，借以清偿国际间债权、债务关系的一种专门性的经营活动。而从实际工作的角度看，外汇是货币行政当局（中央银行、货币管理机构、外汇平准基金及财政部）以银行存款、财政部库券、长短期政府证券等形式保有的在国际收支逆差时可以使用的债权，包括外国货币、外币存款、外币有价证券（政府公债、国库券、公司债券、股票等）、外币支付凭证（票据、银行存款凭证、邮政储蓄凭证等）。狭义的外汇是指外币或以外币表示的，为各国普遍接受的，用于国际间债权债务结算的各种支付手段。通俗一点

讲，广义外汇就是除了自己国家的货币以外都是外汇；而狭义外汇是在国际外汇市场比较常用的交换外汇。

截至2015年，中国位居世界各国政府外汇储备排名第一。但美国、日本、德国等国有大量民间外汇储备存在，国家整体外汇储备远高于中国，切不可小视。

大家在各种媒体上面会接触到各种各样的外汇统计指标，这实际上就牵扯到了现有外汇分类的问题。主要的分类方法如下：

外汇按自由兑换的程度不同分为自由兑换外汇、有限自由兑换外汇和记账外汇。自由兑换外汇，就是在国际结算中用得最多、在国际金融市场上可以自由买卖、在国际金融中可以用于清偿债权债务、并可以自由兑换其他国家货币的外汇。例如美元、欧元、加拿大元等。有限自由兑换外汇，则是指未经货币发行国批准，不能自由兑换成其他货币或对第三国进行支付的外汇。国际货币基金组织规定凡对国际性经常往来的付款和资金转移有一定限制的货币均属于有限自由兑换货币。世界上有一大半的国家货币属于有限自由兑换货币，包括人民币。记账外汇，又称清算外汇或双边外汇，是指记账在双方指定银行账户上的外汇，不能兑换成其他货币，也不能对第三国进行支付。

外汇按来源和用途的不同分为贸易外汇和非贸易外汇。贸易外汇，也称实物贸易外汇，是指来源于或用于进出口贸易的外汇，即由于国际间的商品流通所形成的一种国际支付手段。非贸易外汇是指贸易外汇以外的一切外汇，即一切非来源于或用于进出口贸易的外汇，如劳务外汇、侨汇和捐赠外汇等。

外汇按买卖交割期限的不同分为即期外汇和远期外汇。即期外汇亦称“外汇现货”或“现汇”，外汇买卖成交后，买卖双方必须在两个营业日内收进或付出的外汇。即期外汇买卖又称“现汇交易”。远期外汇即预约购买与预约出卖的外汇，亦即买卖双方先签订合同，规定买卖外汇的币种、数额、汇率和将来交割的时间，到规定的交割日期，再按合同规定，卖方交汇，买方付款的外汇业务。

外汇按银行业务的不同分为外汇现钞和外汇现汇。外汇现钞是指外国钞票、铸币；现汇是账面上的外汇，它的转移出境不存在实物形式的转移，可以直接汇出，只是账面上的划转。现汇支取现钞时，由于汇入方已经承担了运输费，因此现汇可以支取等额的现钞。

汇海茫茫，其实我们现实生活中接触最多的仍是外币，或称作外国货币，即本国货币以外的其他国家或地区的货币。外币常用于企业因贸易、投资等经济活动引起的对外结算业务中。包括在国外的外币账户和有价证券、在国内的外币账户、外币现款。由于政府间和企业间的贸易结算大都采取划账的方式进行款项结算，实际属于外币现汇的范畴；而我们出国旅行从银行柜台买出的或者从外汇存款账户取出的是钞票，实际上属于外币现钞的范畴。

在现实中看到更多的现象是，假如一个地区的官方货币被看作是在近期内不稳定或者不可靠的话（比如高度的通货膨胀或者政治不稳定），那么会有许多人设法使用外币作为财富贮藏手段。重要的经济单位或者机构（进行对外贸易的银行、中央银行或者政府）也会储藏外币。2001 年阿根廷爆发金融危机过程中，阿根廷政府颁布法令限制取款和限制外汇流出，就是出于这方面的考虑。显然，持有外币可以用来减小本国货币贬值带来的财富贬值冲击，或者简化国际贸易的结算手续。当然，政府也可使用外币作为其经济政策的手段来使用。有些人还会使用外币进行投机冒险，获取兑换波动所带来的利润。当然，储藏外币也会存在着财富贬值的风险。受多种因素的共同作用，2002 年美元相对于欧元短期内贬值 15%，导致欧元区内的美元储藏大幅度贬值，欧洲人叫苦不迭。美元的疲软直至 2015 年仍未有任何改善。

2. 汇率是怎样形成的？为什么我们总是绕不过美元

简单讲，汇率就是两国货币币值折算出来的比率。对于汇率的形成，经济学家们的确给出了很多的解释。传统的经济学是从生产率上来解释的，比如甲国只生产小麦，乙国只生产棉花。若生产小麦的生产率是棉花的两倍，那么我们可以用两个单位的小麦换一个单位的棉花，再假若一个单位的甲元换一个单位小麦，一个单位的乙元换一个单位的棉花，那么甲元和乙元的汇率就是两个甲元换一个乙元。当然现实中并非这么简单，它会是两国之间一系列产品的综合反映，而且现实生活中也不会有那么容易的自由商品兑换。比如在甲国，只生产苹果和梨子，苹果是 1 甲元 1 个，梨子是 3 甲元 1 个，在乙国梨子是 1 乙元 1 个，苹果是 2 乙元 1 个。那么1个苹果和1个梨子折合4甲元，折合3乙元，那么甲元和乙元的汇率就是4:3。当有更多商品的时候，可以以此类推。当然甲乙两国之间的苹果和梨子的价格是基于各国各自在这两种商品的生产率上决定的。

还有一种解释就是汇率是一国贸易品和非贸易品的比价关系。最典型的就是萨缪尔森假说，它把“实际汇率”定义为可贸易品价格与非贸易品价格之比。理由是：其一，当你在拿香蕉向别人换梨子的时候，你肯定是先考虑二者各自的价格，然后根据他们的价格来决定兑换比例，那香蕉和梨子各自的价格来自市场，人们通过市场喊价来最后决定商品的价格。同样货币也是如此，各个交易商通过在外汇交易市场上来喊价，最后决定各个货币之间的比价。其二，在现实中有太多的主观因素的干扰，现实世界里有交易费用，购买力平价并不成立，再加上贸易保护，一些政治因素的左右，使得严格的经济学原理仅仅作为一种超现实的思考方法。其三，好多人根本就不懂经济学。你很难用严格的经济学原理向一些当权的政客来解释汇率的形成机制，政客也不会以这种方式来向民众作解释，大多数的民众也听不懂，而且也无法让政客迅速赢得支持力。于是人们便游离在是谁抢走了就业机会，不公平贸易等看似好懂其实无关的问题上面。尤其是在选举期间这类事件会更突出。

纵观历史，汇率的形成有着极其复杂的经济背景和历史沿革。二战中，德国、意大利和日本三国的经济陷于崩溃，英国和法国的经济也遭到严重破坏，唯有美国在战争中发了横财，经济得到空前发展。1945 年，美国国内生产总值占全部资本主义国家国内生产总值的 60%，其黄金储备相当于整个资本主义世界黄金储备的 75%。1944 年 7 月，在英国、美国的组织下，召开了有 44 个国家参加的布雷顿森林会议，通过了《国际货币基金组织协定》。协定规定：参加基金组织的成员国的货币金平价应以黄金和美元来表示。根据当时 1 美元的含金量为 0.888671 克纯金，确定 1 盎司黄金等于 35 美元的官方价格。其他各国的货币则按其含金量与美元定出比价。为使这个体系顺利运转，协定还规定：各国货币含金量不得随便变更；成员国的货币汇率只能在 1% 的幅度内上下波动，否则，各国中央银行有义务进行干预，这就是所谓的固定汇率制。

应该讲，布雷顿森林货币体系确立了二战后以美元为中心的国际货币体系。但此后，西欧、日本的经济地位不断上升，而美元危机与美国经济危机的频繁爆发造成美国经济地位开始下降。在这种情况下，美元与黄金脱钩，不少西方国家的货币不再钉住美元而实行浮动汇率制度。布雷顿森林货币体系于 1973 年宣告结束。但就当前来看，完全绕过美元几乎是不可能的。目前全球石油交易和黄金交易都是以美元进行结算的，美元仍是全球使用最广泛的结算货币。美国的 17.4 万亿美元的国内生产总值指标占据全球第一位置，体壮如牛，况且大多数国家仍把美元作为首选的外汇储备手段。

人民币目前实行的是以市场供求为基础，参考一篮子货币进行调节，有管理的浮动汇率制度，但无论如何仍然躲不开对人民币与美元比价的关注。原因是：其一，中国和美国贸易量很大且增长很快，中国是美国的第二大贸易伙伴，美国是中国第一大贸易伙伴，在巨大的贸易量中我们不得不重点关注二者货币之间的汇率关系。其二，美国作为世界第一大经济体，对世界经济有着很大的影响力，美元也是国际贸易主要的结算货币，纵然美国经济有一系列的问题，但目前美元出现大的危机还不大可能。其三，我国有过长期将人民币与美元挂钩的历史，人们已经习惯用美元作为标尺去思考问题，人民币对美元的强势虽有显露还未真正显现。

在改革开放之前，中国作为一个外汇紧缺的国家，人民币汇率实行单一的官方汇率，由国家严格的管理和控制。20 世纪 80 年代开放之初，为适应外贸体制改革的需要，使人民币汇价同时照顾到贸易和非贸易两个方面，国务院决定从 1981 年起实行两种汇价制度，另外制定贸易外汇内部结算价，并继续保留官方牌价用作非贸易外汇结算价，开始了“汇率双轨制”。从 1981 年 1 月到 1984 年 12 月期间，我国实行贸易外汇内部结算价，贸易外汇 1 美元 =2.80 元人民币；官方牌价即非贸易外汇 1 美元 =1.50 元人民币。前者主要适用于进出口贸易及贸易从属费用的结算；后者主要适用于非贸易外汇的兑换和结算，且仍沿用原来的一篮子货币加权平均的计算方法。对于出口收汇也采取“双轨制”汇率，企业的出口收汇被分为两个部分，一部分必须按较低的官方汇率上缴国家，余下部分可按调剂市场汇率售出或可自行根据市场供求信号进口盈利商品，于是出现了官方汇率和外汇调剂价格并存的汇率双轨制。

1993 年 12 月，国务院正式颁布了《关于进一步改革外汇管理体制的通知》，开始执行人民币单一汇率，开始向市场化方向迈进。1994 年 1 月 1 日，人民币官方汇率与外汇调剂价格正式并轨，结束了汇率的双轨制；取消外汇留成，实行结售汇制度；建立全国统一的外汇交易市场。这个市场称作中国外汇交易中心，总部在上海外滩中山北一路15号，曾经的华俄道胜银行旧址，由中国人民银行归口管理。由于人民币是不可自由兑换的货币，这个市场自然也是不对外开放，仅限于在境内进行人民币和外汇的交易。企业和个人按结售汇规定向银行买卖外汇，各个银行进入银行间外汇市场进行交易，形成市场汇率。最初是强制结汇，进入中国的外汇无论是贸易顺差还是外商直接投资，都要到商业银行结汇，换成人民币，商业银行再到外汇交易中心卖给人民银行。中国人民银行在这个市场上是最大的买家，它开出的价格也应该是最高价格，类似股票市场在涨停板的价格将其他银行的卖出的外汇全部收购，这个价格自然就是当天的汇率。这样一套机制用术语来说就是“实行以市场供求为基础的、单一的、有管理的浮动汇率制”。现有的2.5万亿美元的外汇储备，就是通过这样一种机制，由中央银行在市场购买的。

这样所形成的汇率是盯住美元的汇率，即人民币与美元是挂钩的，如果我们认可了1美元兑换8.27元人民币，就通过这样一种市场手段来实现并维持这一汇率。多付出的代价就是，中央银行投放了大量的基础货币，这就需要通过其他的方式来回收它。由于这个市场是封闭的，中央银行能够出高价维持这一汇率，而受国际外汇市场影响很小，实际上人民币汇率就是由人民银行来决定的，只是通过了一种市场化的形式。

人民银行既然能够维持1:8.27的汇率，也自然可以使汇率达到1:7或1:9，在制度设计上规定了一个汇率的浮动空间，以表明这是浮动汇率，也给人民银行的外汇买卖提供了一点灵活性，当贬值或升值的压力增大时，再调整这个空间。例如，1997年亚洲金融危机爆发后，中国主动收窄了人民币汇率浮动区间，并承诺人民币绝不贬值；而在危机过后，管制适当放松。2008年，我国又收窄了人民币波动幅度以应对国际金融危机，在国际金融危机最严重的时候，许多国家货币对美元大幅贬值，而人民币汇率保持了基本稳定。

2005年7月21日，我国对完善人民币汇率形成机制进行改革。人民币汇率不再盯住单一美元，而是选择若干种主要货币组成一个货币篮子，同时参考一篮子货币计算人民币多边汇率指数的变化。这就是所谓“人民币汇率形成机制改革”，俗称“汇改”。人民币汇率形成机制改革以来，以市场供求为基础，人民币总体小幅升值。中国人民银行于每个工作日闭市后公布当日银行间外汇市场美元等交易货币对人民币汇率的收盘价，作为下一个工作日该货币对人民币交易的中间价。自 2006 年 1 月 4 日起，中国人民银行授权中国外汇交易中心于每个工作日上午 9 时 15 分对外公布当日人民币对美元、欧元、日元和港币汇率中间价，作为当日银行间即期外汇市场（含 OTC 方式和撮合方式）以及银行柜台交易汇率的中间价。

2009 年 12 月以来，欧元相对于美元大幅度贬值，相对人民币也自然就贬值了，如果这时参考一篮子货币调节人民币汇率，人民币升值压力自然就减轻了，从技术上是有利的，但是在形成机制上较自由浮动还有很长的距离。西方国家指责中国的外汇市场是封闭或者是半开放的，相对应的是在资本项目不可自由兑换的条件下，人民币汇率的形成在实质上仍是由政府决定，而不是国际汇市波动因素作用的结果。这是一种由政府确定汇率，并实施行政管制的、与美元保持固定比价的稳定型汇率机制，又称盯住美元汇率。其最重要的特点是不论其他货币是升值还是贬值，人民币兑换它们的比价都是从它们兑换美元的比价换算而来。也就是说，当美元兑换其他货币的汇率升值时，人民币就跟着美元升值；当美元贬值时，人民币又随着美元贬值。人民币的这一汇率稳定机制帮助中国经济实现了

"多出口、少进口"的政策目标。开创了中国产品对外出口，尤其是对美欧市场出口长期保持高增长的业绩，并且使国家外汇储备增加。同时，帮助我国当前比较脆弱的金融体系在面对动荡的国际金融环境时保持了稳定。然而，需要明确的是：到目前为止，人民币的汇率还不是市场机制下的汇率，这使得人民币的真正价值还无法体现。而且由于管制，汇市上的需求与供给会受到一定的压抑，会使国内企业和公民难以利用一些国际商机、国内产业结构难以随市场信号的变动而自发的调整，百姓能从出口高增长中得到的利益也要打些折扣。这些都是保持现行人民币汇率机制的代价。当然也会有不同的声音，许多人认为现在全球高度关注的"人民币汇率"，就是中国外汇交易中心的会员们每天在这个市场上竞争的结果。从这个意义上说人民币汇率是在市场供求竞争中形成的，此言不虚。

3. 数“点”算账

犹如描述股指的上升下降一样，汇率升降幅度也用多少“点”来表示，只不过是在汇率的表达式中多了小数点的问题。约定俗成的是，汇率的标价从右边向左边数过去通常由五位有效数字组成，第一位称为“X 个点”，它是构成汇率变动的最小单位；第二位称为“X + 个点”，如此类推。如：欧元对美元汇率从 1. 1010 变为 1. 1015，则称欧元对美元上升了 5 点。需要说明的是，日元的价格由于没有保留到小数点后四位，而只有两位，若美元对日元汇率从 120. 50 变为 120. 00，则依然称美元对日元下跌了 50 点或日元兑美元上升 50 点；当美元兑日元汇价由 121. 60 升到 122. 60，市场则称美元兑日元汇价上升 100 点或日元兑美元下跌 100 点。所以若 USD/JPY 的报价为 114. 05/114. 08，在此报价中买价与卖价有三个点的点差。其他多数货币兑日元的报价也基本如此，如欧元兑日元表示为156.70，当汇价上升100点时，也有人会将此称为欧元上升1日元。

一个点代表0.01个百分点，那么100个点就代表1个百分点。所以不难理解，如果有报道称汇率提高多少个点或者是下降多少个点，则可以让这个点乘以0.01%就可以知道汇率是下降或是升高了多少个百分点。但拿炒汇来讲，同样是盈利100个点，不同货币对之间所赚取的利润并不一样。实盘利润的算法是：用你纯挣的点数除以你的买价再乘以你所用的本金就是你所赚的钱。如用1000美

元在 1.1700 买入加元纯挣 100 点后的利润 1.1700 - 1.1580 = 0.0120，去 20 个点差后就是 0.01，用 0.01 ÷ 1.1700 × 1000 = 8.55（美元），如用 1000 美元在 0.7685 买入澳元纯挣 100 个点后就是 0.01 ÷ 0.7685 × 1000 = 13（美元）；如 117.90 买入日元纯挣 100 点后就是 0.01 ÷ 1.1790 × 1000 = 8.5（美元）。

4.

汇率众生相

折算两个国家货币的比率，先要确定用哪个国家的货币作为标准。在我国，习惯采用 1 个单位或 100 个单位的外国货币作为标准，折算成一定数量的本国货币（人民币）的方法，叫做直接标价法。若以等式来表达的话，在直接标价法下，等号前面表示一定数量单位的外国货币，而等号后面表示所折算出人民币的数值。如“1 美元 = 6.2274 元人民币”表示 1 美元对人民币的汇率是 6.2274 元人民币。全球大多数国家或地区都采用直接标价法表示汇率，我们出国到国外银行换汇时记住这个规律就行了。如去香港旅行购物，在机场或商业街区换汇点换汇时看到有如“1 元人民币 = 1.2636 元港币”表示 1 元人民币对港币的汇率是 1.2636 元，即你可用 1 元人民币换到 1.2636 元港币。有些国家或地区货币单位的价值量较低，如日本的日元、韩国的韩元、越南的越南盾、柬埔寨瑞尔，便以100000或10000作为折算标准。需要强调的是，美国的汇率表示方法与我国及世界上大多数国家都正好相反，习惯采用1个单位或100个单位的本国货币（美元）作为标准，折算成一定数量的外国货币的方法，叫做间接标价法。若以等式来表达的话，在间接标价法下，等号前面表示一定数量单位的本国货币，而等号后面表示折算出外国货币的数值。如在美国旅行时看到银行有“1美元=118.96日元”字样则表示1美元对日元的汇率是118.96日元。目前我们所接触到的汇率品种有：

按照银行业务操作分类来划分，汇率分为买入汇率、卖出汇率、中间汇率。商业银行买进外汇时所依据的汇率叫做“买入汇率”，还称作“买价”；商业银行卖出外汇时所依据的汇率叫做“卖出汇率”，还称作“卖价”；买入汇率与卖出汇率的平均值称作“中间汇率”。买入汇率与卖出汇率相差的幅度一般在1‰~5‰之间，各国不尽相同。买入汇率与卖出汇率的差实际就是商业银行的利润。中间汇率不含有商业银行买卖外汇的盈利，主要用来预测某种货币汇率的变动趋势和幅度。

按照外汇管制的松紧程度来划分，汇率分为官定汇率和市场汇率。官定汇率是指由财政部、中央银行或经指定的外汇专业银行所规定的汇率。在外汇管制比较严格的国家禁止自由市场的存在，官定汇率就是实际汇率。而市场汇率是指在自由市场上买卖外汇时的实际利率。市场汇率实际并不存在统一的标准。外汇管制比较松的国家，官定汇率其实只是形式，并没有真正市场的存在，而实际外汇交易时，均要按照市场汇率来进行。

按照外汇交易工具和收付时间不同来划分，汇率分为电汇汇率、票汇汇率和远期汇率。电汇汇率是通过即时通讯手段通知付款的外汇价格。电汇交收时间最快，银行基本无法占用客户资金，因而电汇汇率最贵。票汇汇率是在兑换各种外汇汇票和支票时所采用的汇率。由于票汇在期限上有即期和远期之分，故票汇汇率又分为即期票汇汇率和远期票汇汇率。远期汇率是指在未来某一天进行交割而事先约定的外汇买卖价格。

按照汇率的制定方法不同来划分，汇率可分为基础汇率和交叉汇率。基础汇率指本国货币与基准货币或关键货币的汇率。基准货币或关键货币是国际上普遍使用的，在本国国际收支中使用最多的，在国际储备中比重最大的货币。目前，各国基本上都把美元作为基础货币，通过制定与美元的汇率来交叉套算与其他货币的汇率。交叉汇率指通过基础汇率套算出的本币对其他货币的汇率，也称套算汇率。

大家买卖外汇时，各币种的汇价是由我国允许进行外汇买卖的各商业银行，参照全球联网的外汇市场交易系统所发布的国际金融市场的即时汇率，加上一定幅度的买卖差价后确定的。如中国工商银行、中国建设银行、中国农业银行、交通银行、招商银行的个人外汇买卖业务的外汇报价，是随着国际外汇市场的波动而及时调整。当国际外汇市场汇率变化达 20 个基点时，其报价由电脑自动调整。而随着各商业银行间竞争的加剧，这一由软件自动调整的“20 个基点”还有逐渐缩小的趋势。目前，大家买卖外汇时都是按照银行交易系统当时的即时报价认可后进行成交。外汇报价在开办个人外汇买卖业务的支行或分理处用大屏幕显示器向客户公布，办理电话交易的客户则可以通过交易热线查询到即时各币种汇价并进行实盘或挂盘外汇交易。

按照外汇市场营业时间的不同来划分，汇率可分为开盘汇率和收盘汇率。世界上的主要外汇市场一般都在当地时间上午 9:00 开市，中午时间不休息，下午 5:00 闭市。世界上主要的外汇市场，在欧洲大陆有法兰克福、苏黎世、米兰、巴黎、阿姆斯特丹。与这些市场相差一个小时，伦敦外汇市场便开始营业（北京时间就是17:00），伦敦外汇市场开始营业以后，过了5个小时，纽约外汇市场开始营业（北京时间就是22:00）。伦敦与纽约外汇市场同时营业的几个小时是一天中外汇交易的最高峰时段（北京时间是22:00至次日凌晨1:00）。在亚洲时区，东京外汇市场在美国最后的一个外汇市场旧金山市场交易结束前一个小时开始营业。东京外汇市场与只有一个小时时差的香港、新加坡、中国大陆、中国台北等市场以及澳大利亚、新西兰的外汇市场联系密切。东京外汇市场在欧洲大陆外汇市场开始营业的一个半小时前结束营业（北京时间就是在14:30）。

需要说明的是，各国的金融市场是以各国的货币和国界相隔离的，在金融体制、经营惯例、业务范围和金融资产各方面存在很大的差异。各国金融当局一般对外资银行的进入进行严格控制，并对其业务范围加以限制，保证本国金融不受外部冲击。但是，由于国际贸易和资本流动的关系，各国金融市场又保持了一定程度的联系。进入20世纪80年代后，在信息、网络等高科技不断发展，金融工具不断创新以及许多国家为发展经济而放松金融管制的条件下，各国国内金融市场与国际金融市场联系更紧密，出现了金融市场全球一体化的趋势。大家在判断汇率变动趋势时，应该注意和充分利用这方面的信息。

表 1　从 1971 年到 2014 年美元对人民币汇率年表

单位：人民币元

年份	1971	1972	1973	1974	1975	1976	1977	1978	1979	1980	1981	1982
汇率	2.462	2.245	1.989	1.961	1.859	1.941	1.858	1.684	1.555	1.498	1.705	1.893
年份	1983	1984	1985	1986	1987	1988	1989	1990	1991	1992	1993	1994
汇率	1.976	2.320	2.937	3.453	3.722	3.722	3.765	4.783	5.323	5.516	5.762	8.619
年份	1995	1996	1997	1998	1999	2000	2001	2002	2003	2004	2005	2006
汇率	8.351	8.314	8.290	8.279	8.278	8.279	8.277	8.277	8.277	8.0922	8.1917	7.9735
年份	2007	2008	2009	2010	2011	2012	2013	2014				
汇率	7.5215	6.9385	6.83	6.615	6.3851	6.298	6.193	6.1428				

5. 汇价与钞价可真是不一样

目前不少商业银行在推销外汇产品时都使用“钞汇同价”的广告语，其实钞价和汇价可真是不一样。在实际的外汇买卖交易中，钞买价、钞卖价统称为钞价；汇买价、汇卖价统称为汇价。换句话说，您买卖的外币为现钞账户存款或持有的现钞时，适用钞价，您买卖的外币为现汇账户存款适用汇价。就目前来看，外币现钞主要是指外国纸币，由国内居民从境外携入，同时若该笔货币存入银行，形成的银行存款兑换成本国货币也按照现钞价格兑换；而外币现汇是指账面上的外汇，是从国外银行汇到国内的外汇存款，以及外币汇票、本票、旅行支票通过电子划算直接入账的国际结算凭证形成的银行存款。由于商业银行收入国内居民持有的外币现钞后需要经过一定时间，积累到一定数额后，才能将其运送并存入外国银行调拨使用。在此之前，买进外钞的商业银行肯定要亏收一定的利息数额；而将现钞运送并存入外国银行的过程中，还有运费、保险费支出，银行要将亏收的利息及费用转嫁给出卖现钞的顾客，所以银行买入现钞所出的价格低于买入现汇的价格。而银行卖出外汇现钞时，价格与卖出现汇一致。

表 2　2015 年 2 月 28 日中国工商银行人民币即时外汇牌价

币种	现汇买入价	现钞买入价	卖出价	发布时间
美元 USD	625.71	620.69	628.21	2015 年 02 月 27 日 16:36:46
港币 HKD	80.69	80.03	80.99	2015 年 02 月 28 日 03:59:57
日元 JPY	5.2186	5.0693	5.2552	2015 年 02 月 28 日 03:59:57
欧元 EUR	699.32	679.32	704.24	2015 年 02 月 28 日 03:59:57
英镑 GBP	964.41	936.83	971.19	2015 年 02 月 28 日 03:59:57
瑞士法郎 CHF	654.47	635.75	659.07	2015 年 02 月 28 日 03:59:57
加拿大元 CAD	499.23	484.95	502.73	2015 年 02 月 28 日 03:59:57
澳大利亚元 AUD	488.01	474.05	491.43	2015 年 02 月 28 日 03:59:57
新加坡元 SGD	458.32	445.21	461.54	2015 年 02 月 28 日 03:59:57
丹麦克朗 DKK	93.71	91.03	94.37	2015 年 02 月 28 日 03:59:57
挪威克朗 NOK	81.51	79.18	82.09	2015 年 02 月 28 日 03:59:57
瑞典克朗 SEK	74.89	72.75	75.41	2015 年 02 月 28 日 03:59:57
澳门元 MOP	78.32	77.70	78.64	2015 年 02 月 28 日 03:59:57

续表

币种	现汇买入价	现钞买入价	卖出价	发布时间
新西兰元 NZD	472.46	458.95	475.78	2015 年 02 月 28 日 03:59:57
韩元 KRW	—	0.5516	0.5718	2015 年 02 月 28 日 03:59:57
卢布 RUB	10.13	9.82	10.21	2015 年 02 月 28 日 03:59:58
林吉特 MYR	173.01	—	174.23	2015 年 02 月 28 日 03:59:57
南非兰特 ZAR	53.53	50.93	53.91	2015 年 02 月 28 日 03:59:57
菲律宾比索 PHP	14.172	13.728	14.272	2015 年 02 月 28 日 03:59:58
泰国铢 THB	19.30	18.70	19.44	2015 年 02 月 28 日 03:59:57
越南盾 VDN	0.0283	0.0283	0.0301	2015 年 02 月 28 日 03:59:58
哈萨克斯坦坚戈 KZT	3.3739	3.2683	3.3977	2015 年 02 月 28 日 03:59:57
巴西雷亚尔 BRL	209.68	209.68	230.54	2015 年 02 月 28 日 03:59:57
印尼盾 IDR	0.0470	0.0470	0.0500	2015 年 02 月 28 日 03:59:58

商业银行对个人拥有的外币存款有现钞户和现汇户之分，两种账户存款利率相同，两种账户将外币存款兑换成人民币的汇率不相同，现钞户能兑换较少的人民币，现钞存款不能变成现汇存款。以日元举例，如果你的日元是直接存到你开户银行的，你的账户就是现钞账户，你做交易时就看现钞的买入卖出价。如果你的日元是通过国外的银行汇入你在国内的账户的，你的账户就是现汇账户，你做交易时就看现汇买入卖出价。直接的结果是，现汇交

易后你得到的美元或者人民币会比用现钞交易得到的多一点。遇到具体的外币业务时，现汇与现钞还存有区别：

第一，居民个人外汇汇出汇款的额度规定不同：（1）居民个人现汇账户存款，一次性汇出等值10000美元以下的；居民个人外币现钞账户存款或持有外币现钞，一次性汇出等值2000美元以下的，直接到银行办理汇出手续。（2）居民个人现汇账户存款，一次性汇出等值10000美元（含10000美元）以上，50000美元以下的；居民个人外币现钞账户存款或持有外币现钞，一次性汇出等值2000美元（含2000美元）以上，10000美元以下的，须持经常项目支出证明材料及相应外汇携入海关申报单或银行单据或银行证明，向当地外汇管理局申请，经外管局审核真实性后，凭外管局的核准件到银行办理汇出手续。（3）居民个人现汇账户存款，一次性汇出等值50000美元（含50000美元）以上；居民个人外币现钞账户存款或持有外币现钞，一次性汇出10000美元（含10000美元）以上的，由当地外汇管理局报国家外管局审核，银行凭当地外管局的核准件办理汇出手续。

上述个人经常项目项下的外汇汇款主要是指：居民个人出境旅游、探亲、会亲、朝觐、留学、就医、参加国际学术活动、被聘任教等用汇；缴纳国际学术团体组织的会员费；从境外邮购少量药品、医疗器械；在境外直系亲属发生生病、死亡以及灾难等特殊情况的用汇；在中国境内居留满一年以上的外国人及港澳台同胞从境外携入或在境内购买的自用物品等出售后所得人民币款项汇出的用汇。目前银行对超额汇款须要提供的真实凭证要求如下：属于出国留学的，至少提供已办妥前往国家和地区有效入境签证的护照、港澳台通行证等；国（境）外学校正式录取通知书；国（境）外学校出具的费用通知单。属于境外就医的，至少提供已办妥前往国家和地区有效入境签证的护照、港澳台通行证等；所在地的地区（市）级医院证明、附医生意见；境外医院的接收证明及收费通知。属于缴纳国际学术团体组织会员费的，至少提供国际学术组织证明文件。属于从境外邮购少量药品、医疗器具的，至少提供所在地的地区（市）级医院证明附医生处方。属于在境外的直系亲属发生重病、死亡、意外灾难等特殊情况的用汇，至少提供境外公证机构的有效证明或者我国驻外使、领馆的证明文件。汇出金额不得超过所提供的有关证明文件上注明的标准。

第二，现钞汇出有汇价损失。如果你考虑一次携带过多现钞有风险、不方便，想将现钞通过银行汇出，经过前面所讲的审核程序后，银行先要以现钞价买入你的现钞，再按现汇卖出价办理外汇汇款，如办理日中国银行的现汇买出价是1∶6.2655，但现钞买入价是6.2455，如果你在此日要将100美元现钞汇出，中国银行先用现钞买入价买入你的100美元，你的100美元变成了624.55元人民币，然后中国银行再用现汇或现钞卖出价6.2655为你办理美元汇款，你的100美元就变成了99美元68美分。

第三，现钞携带出境有限制。如果你认为现钞转成现汇后汇出损失太大，干脆就冒点风险全部随身携带，须要遵从国家有关对携带外汇出境管理的规定，并到国内商业银行网点开具携带外币出境许可证。携带外币出境许可证是指由国家外汇管理局统一印制、银行按规定签发、准许出入境人员携带外币、外币支付凭证出境的许可证，海关凭此证查验放行。该证自签发之日起30天内一次使用有效。在国内商业银行存有外币的储户，如获准出境定居、探亲、旅游、考察、学习等需要提取外币存款，携带外币出境时，可向原存款营业网点提出申请，银行将按规定签发携带外币出境许可证。申领携带证的现钞额度规定如下：出境人员携带不超过等值5000美元（含5000美元）的外币现钞出境的，无须申领携带证；出境人员携带外币现钞金额在等值5000美元以上至10000美元（含10000美元）的，应向外汇指定银行申领携带证，海关凭加盖外汇指定银行印章的携带证验放；出境人员原则上不得携带超过等值10000美元的外币现钞出境，对属于下列特殊情况之一的，出境人员可以向外汇局申领携带证：人数较多的出境团组；出境时间较长或旅途较长的科学考察团组；政府领导人出访；出境人员赴战乱、外汇管制严格、金融条件差或金融动乱的国家；其他特殊情况。需要特别提醒的是，做个人外汇买卖的朋友们，如果想分别在几个银行开户做外汇买卖，千万别图省事将汇户的外汇提成现钞办理新的开户，还是耐心办理汇户的划算为好。

6. 境外汇款怎样节省手续费

在银行柜台前，经常有孩子准备出国留学的父母咨询怎样才能减少外汇汇款手续费，也经常有人质询为什么境外汇款实际到账金额变少了。

其实，电汇汇款费用主要分为两块，一块是汇款银行扣费，另一块是中间银行扣费。一般来说，各家汇款银行的电汇汇款费用分为两部分，一部分与电汇金额有关，即占汇款金额1‰的汇款费，另一部分与汇款的金额无关，而与笔数有关，即每汇一笔款就收取一次电讯费。导致汇款最后到账金额减少的原因往往是外汇汇款存在中间银行扣费，一般直接在汇款金额中扣除，并且很难预测扣费的金额。中间银行一般包括汇款银行的账户银行、收款银行的账户银行等，除非有特殊协议，账户银行通常都要扣取费用的。

由于汇款手续费一般都有最高限额，所以通常每次汇款的金额越多越划算，每次尽量多汇一些，不要汇款次数太多。各家银行基本都会推出汇款方面的优惠产品，通过与境外银行或汇款公司合作，减少客户汇款费用，比如建设银行就与西联汇款公司、银星速汇公司和美国银行有着长期合作。在选择中间银行时，可以多听取银行的建议，银行通常会在汇款银行的账户银行中选择扣费较低的作为中间银行。有多次汇款需求的，要在收到款项后密切关注中间银行扣费，发现扣费明显过高的，可要求汇出银行更换中间银行。

手续费的承担方式直接关系款项到账金额。目前，手续费用承担方式主要有三种：汇款人承担（our)，即所有费用由汇款人承担；收款人承担（ben)，即所有费用由收款人承担，包括汇款手续费和电报费；双方承担（sha)，一般是汇款人承担汇款手续费和电报费，其他由收款人承担。个人可以根据实际情况和以往汇款费用来合理选择汇款费用的承担方式。

选择西联汇款：西联公司与中国农业银行合作推行的“西联汇款”是一种很好的汇兑方式。现在，越来越多的国内居民热衷于使用西联汇款，多数是给国外的亲朋好友、在外求学的孩子汇款。办理汇款业务的个人填写汇款单，交付一定手续费后，只需 15 分钟，客户指定的收款人就可在全球任何一家西联汇款代理网点领取该笔汇款。西联汇款每笔汇款最高金额为 10000 美元，7200 美元以上的汇款要通过西联公司授权后才能办理。除汇往非洲地区外，汇款手续费费率如表 3 所示。

表 3

单位：美元

汇款金额	手续费
0.01 ~ 500.00	15.00
500.01 ~ 1000.00	20.00
1000.01 ~ 2000.00	25.00
2000.01 ~ 5000.00	30.00
5000.01 ~ 10000.00	40.00

西联汇款最大的特点就是汇款速度快、办理网点多，不需要开立银行账户，没有中间行费用，钞汇同价。此种汇款方式的遗憾在于可办理的外币仅限于美元，汇款金额最多 10000 美元，只受理个人对个人的汇款。在办理西联汇款时，客户要带好身

份证明和用途证明，所有的汇出汇款银行都要审核有关的证明文件。

使用国际借记卡：如今带一张银行卡游走世界的国内居民越来越多。对于品种繁多的银行卡，带一张什么卡最为合适呢？选择各商业银行推行的国际借记卡不失为上策。作为一张可在世界各地使用的银行卡，它具有通用性强、安全性高的特点，尤其是1张主卡带多张副卡的优势，可以在异地快速汇款。对于有孩子留学国外的家庭来说，父母利用主卡在境内办理存款业务，孩子只需携带一张副卡，就可以在境外消费、取款。父母还可以通过对账单了解孩子在境外的消费情况。目前，商业银行所有网点都可以受理开卡业务。在国外ATM机上取款时，无论取款多少，每笔都要支付3美元手续费。在办卡时，应注意国际借记卡有两种：万事达（PMC）卡和万事顺（PDC）卡。万事达可以脱机使用，受理该卡的商家非常多，而万事顺只能联机使用。

使用旅行支票：为了旅行期间安全携带和支付旅行费用，外出旅游的国内居民可选择旅行支票这种方式。旅行支票的优点在于，有多种固定面额、多种币别、无使用期限、受理范围广、票面设有防伪措施、使用时需复签，初复签一致才能被受理。而万一遗失或被窃，冒领比较困难，办理挂失后可获得补偿。它可在全球各大银行、兑换网点兑换现金，也可在国际酒店、餐厅、学校及其他消费场所直接付账。旅行支票主要品种有美国运通、VISA、THOMASCOCK、MASTER、花旗银行。目前，多数商业银行有外币业务的网点都代售美国运通旅行支票，币种是美元，面额有 20 元、50 元、100 元、500 元和 1000 元。国内居民只需携带本人有效身份证件，到诸如中国银银、中国农业银行网点即可购买旅行支票。旅行支票购买的手续费按票面金额的 5‰收取，最高为人民币 1000 元；代兑收取 7.5‰的手续费。旅行支票的托收和退票与光票托收价格相同。专家提醒，市民在购买旅行支票时，应立即在每张支票初签栏签名，无初签不得理赔。

使用外币票汇：外币票汇是根据汇款人的要求，银行开出一张由收款地银行付款的银行汇票。收款人持该汇票到国外收款地向银行提示付款，或委托其开户行代为收款。票汇按汇款金额的1‰收取手续费。如果是现钞汇出，还须收取现钞折现汇的费用。对于自己准备出国，收款人为本人的客户，这是种好方法。办理票汇业务可以到商业银行各支行的国际业务部。票汇业务的外汇管理视同汇出汇款。

表4　国内主要商业银行境外汇款手续费收费标准表　单位：元

商业银行	工商银行	中国银行	建设银行	招商银行	中信银行
收费标准	手续费按汇款金额的0.8‰收取，最低每笔收取16元，最高每笔收取160元；电讯费每笔收取100元；另外支付2元一份的汇款申请书、每笔10元的中间代理行的收费。	手续费按汇款金额的1‰收取，最低每笔收取50元，最高每笔收取260元；电讯费每笔收取150元；现钞收取钞汇差价费（外汇现汇不收差价费）。	手续费按汇款金额的1‰收取，最低20元，最高300元；修改或止付：100元/次；电报费每笔收取80元；汇款全额到账每笔加收25美元或等值人民币。	手续费按汇款金额的1‰收取，最低每笔收费100元；电报费每笔收费100元，最高收费每笔150元；现钞户还要收取钞转汇手续费，外汇现汇户则不需要；要承担代理行的费用。	手续费是汇款金额的1‰收取，另外需要收取150元的电报费。

£100
euro travellers cheque
40-50-74
£100
IB00-000-000
One Hundred
Pounds Sterling
SPECIMEN NO VALUE
For Thomas Cook
Travellers Cheques Ltd. London
Thomas
Cook

SWISS BANKERS TRAVELLERS CHEQUE
100
SFr.
C 00 000 000
REISECHECK
CHEQUE DE VOYAGE
SPECIMEN
100
SFr.
<890> 300000000 3>
<890> 300000000 3>

€50
BK000·417·093
€50
SPECIMEN
VOID
EURO
American Express Travelers Cheque
NON-NEGOTIABLE
SPECIMEN

7. 怎样看手中持有外币的币值升降

影响汇率变动的因素是多方面的。总的来说，一国经济实力的变化与宏观经济政策的选择，是决定汇率长期发展趋势的根本原因。市场人士十分关注各国的各种经济数据，如国内生产总值、消费者物价指数、利率变化等。在外汇市场中，我们应该清楚认识和了解各种数据、指标与汇率变动的关系和影响，找寻汇率变动的规律，主动在外汇市场寻找投资投机时机和防范外汇风险。

其一，国际收支状况。国际收支状况是决定汇率趋势的主导因素。国际收支是一国对外经济活动中的各种收支的总和。一般情况下，国际收支逆差表明外汇供不应求。在浮动汇率制下，市场供求决定汇率的变动，因此国际收支逆差将引起本币贬值，外币升值，即外汇汇率上升。反之，国际收支顺差则引起外汇汇率下降。要注意的是，一般情况下，国际收支变动决定汇率的中长期走势。

其二，国内生产总值的多寡。一般讲，国内生产总值增加，促使消费水平提高，对本币的需求也相应增加。如果货币供给不变，对本币的额外需求将提高本币价值，造成外汇贬值。当然，国内生产总值的变动引起汇率是贬或升，要取决于国内生产总值变动的原因。如果国内生产总值是因增加商品供给而提高，则在一个较长时间内该国货币的购买力得以加强，外汇汇率就会下跌。如果国内生产总值因扩大政府开支或扩大总需求而提高，在供给不变的情况下，超额的需求必然要通过扩大进口来满足，这就使外汇需求增加，外汇汇率就会上涨。

其三，通货膨胀率的高低。通货膨胀率的高低是影响汇率变化的基础。如果一国的货币发行过多，流通中的货币量超过了商品流通过程中的实际需求，就会造成通货膨胀。通货膨胀使一国的货币在国内购买力下降，使货币对内贬值，在其他条件不变的情况下，货币对内贬值，必然引起对外贬值。因为汇率是两国币值的对比，发行货币过多的国家，其单位货币所代表的价值量减少，因此在该国货币折算成外国货币时，就要付出比原来多的该国货币。通货膨胀率的变动，将改变人们对货币的交易需求量以及对债券收益、外币价值的预期。通货膨胀造成国内物价上涨，在汇率不变的情况下，出口亏损，进口有利。在外汇市场上，外国货币需求增加，本国货币需要减少，从而引起外汇汇率上升，本国货币对外贬值。相反，如果一国通货膨胀率降低，外汇汇率一般会下跌。

其四，货币供给的多少。货币供给是决定货币价值、货币购买力的首要因素。如果本国货币供给减少，则本币由于稀少而更有价值。通常货币供给减少与银根紧缩、信贷紧缩相伴而行，从而造成总需求、产量和就业下降，商品价格也下降，本币价值提高，外汇汇率将相应地下跌。如果货币供给增加，超额货币则以通货膨胀形式表现出来，本国商品价格上涨，购买力下降，这将会促进相对低廉的外国商品大量进口，外汇汇率将上涨。

其五，财政收支平衡。一国的财政收支状况对国际收支有很大影响。财政赤字扩大，将增加总需求，常常导致国际收支逆差及通货膨胀加剧，结果本币购买力下降，外汇需求增加，进而推动汇率上涨。当然，如果财政赤字扩大时，在货币政策方面辅之以严格控制货币量、提高利率的举措，反而会吸引外资流入，使本币升值，外汇汇率下跌。

其六，利率。利率在一定条件下对汇率的短期影响很大。利率对汇率的影响是通过不同国家的利率差异引起资金特别是短期资金的流动而引起作用的。在一般情况下，如果两国利率差异大于两国远期、即期汇率差异，资金便会由利率较低的国家流向利率较高的国家，从而有利于利率较高国家的国际收支。要注意的是，利率水平对汇率虽有一定的影响，但从决定汇率升降趋势的基本因素看，其作用是有限的，它只是在一定的条件下，对汇率的变动起暂时的影响。

其七，汇率政策和对市场的干预。各国汇率政策和对市场的干预，在一定程度上影响汇率的变动。在浮动汇率制下，各国央行都尽力协调各国间的货币政策和汇率政策，力图通过影响外汇市场中的供求关系来达到支持本国货币稳定的目的，中央银行影响外汇市场的主要手段是：调整本国的货币政策，通过利率变动影响汇率；直接干预外汇市场；对资本流动实行外汇管制。

其八，投机活动与市场心理预期。实行浮动汇率制以来，外汇市场的投机活动越演越烈，投机者往往拥有雄厚的实力，可以在外汇市场上推波助澜，使汇率的变动远远偏离其均衡水平。投机者常利用市场顺势对某一币种发动攻击，攻势之强，使各国央行甚至西方七国央行联手干预外汇市场也难以阻挡。过度的投机活动加剧了外汇市场的动荡，阻碍正常的外汇交易，歪曲外汇供求关系。

另外，外汇市场的参与者和研究者，包括经济学家、金融专家和技术分析员、资金交易员等每天致力于汇市走势的研究，他们对市场的判断及对市场交易人员心理的影响以及交易者自身对市场走势的预测都是影响汇率短期波动的重要因素。当市场预计某种货币趋跌时，交易者会大量抛售该货币，造成该货币汇率下浮的事实；反之，当人们预计某种货币趋于坚挺时，又会大量买进该种货币，使其汇率上扬。由于公众预期具有投机性和分散性的特点，加剧了汇率短期波动的振荡。

其九，政治与突发因素。由于资本首先具有追求安全的特性，因此，政治及突发性因素对外汇市场的影响是直接和迅速的，包括政局的稳定性，政策的连续性，政府的外交政策以及战争、经济制裁和自然灾害等。另外，西方国家大选也会对外汇市场产生影响。政治与突发事件因其突发性及临时性，使市场难以预测，故容易对市场构成冲击波，一旦市场对消息作出反应并将其消化后，原有消息的影响力就大为削弱。

影响汇率因素的关系错综复杂。有时这些因素同时起作用，有时个别因素起作用，有时甚至起互相抵消的作用，有时这个因素起主要作用，另一因素起次要作用。但是从长时间来观察，汇率变化受国际收支的状况和通货膨胀所制约，因而是决定汇率变化的基本因素，利率因素和汇率政策只能起从属作用，即助长或削弱基本因素所起的作用。一国的财政货币政策对汇率的变动起着决定性作用。各国的货币政策中，将汇率确定在一个适当的水平已成为政策目标之一。投机活动只是在其他因素所决定的汇价基本趋势基础上起推波助澜的作用。

由于我国采用直接标价法，而在直接标价法下，汇率降低，使得等值的外汇只能换到更少的人民币，实际是外币贬值；汇率升高，使得等值的外汇能够换到更多的人民币，实际是外币升值。外汇币值升高，人民币币值会降低，有利于我国的出口贸易，有利于我国吸引更多的外资。外汇降低，人民币币值会升高，不利于我国的出口贸易，也不利于吸引外资，但人民币更值钱了。外汇升高或降低的影响是双重的，没有绝对的好或坏。一切以是否有利于生产力发展为标准。外汇升高了，人民币就降了，那说明原来1美元能在中国买到的东西相比以前就多了，当然就会有更多的外资愿意在中国购买原材料或者其他，有利于中国外贸进出口，反之则相反。暂不论欧元连续下跌对于欧元区经济到底利弊如何，其在投资理财及消费市场上正显露越来越多的“掘金”机会。

目前，人民币兑美元持续贬值的同时，对欧元、澳元、英镑、日元却处于一个相对升值期。

从宏观层面讲，国际经济的任何波动特别是价格波动将无所阻挡地影响到国内经济中来。而迅速积累的外汇储备，确实为增强抵抗风险能力起到巨大作用，但其反作用力同样巨大。由于美国经济特别是美元在世界经济中的巨大力量存在，美元的持续贬值已经成为上升为美国的国家意志。只有美元不断贬值，美国才能将其国内积聚的巨额双赤字问题化解于无形，即通过美元的倾销转移全世界财富的同时还“注销”了美国对全世界的欠账。因此，美元形式的储备越多的国家，对美国的“贡献”自然越大，中国就是首当其冲的国家。中国实际上已经成为世界上重要的资本输出国。美元的贬值，使中国出口商品在低价的基础了二次贬值，若再次巨额投资美国国债时，实际上就是为美国财政部“送钱”。适时减持美国国债当然是明智之举，人民币兑美元持续贬值的态势会使我们的经济相对于美国来讲更具竞争优势。

其实，国内广大居民更多的还是关心身边那点事。特别是出国留学、境外旅游和购物。欧元贬值意味着钱好花了，赴欧旅游和留学的热情再次被激发。欧元的适用国家包括：爱尔兰、奥地利、比利时、德国、法国、芬兰、荷兰、卢森堡、葡萄牙、西班牙、希腊、意大利等，其中一些国家是中国留学生热衷的留学目的地。这就意味着申请去这些国家留学，学费和生活费将更加便宜。如果只是持有少量欧元，赴欧旅行是不错的选择。因为在欧元区国家，这部分资产的价值并没有发生明显贬损，消费能力与欧元贬值前不会相差很大，而换回人民币就很不划算。欧洲是老牌奢侈品云集的地方，集合了大量的品牌化妆品、服饰、箱包皮具等，无论是欧洲自由行还是跟团游，“血拼扫货”都是必不可少的一个环节。欧元汇率的下跌直接刺激了一部分本还处于犹豫观望期的游客，使得近段时间咨询和报名出行欧洲游人数增长明显。同样，赴欧留学的账也越算越划算。学生最好趁汇率降低时，多兑换一些欧元，降低留学花费。另外，银行之间的汇率也会有所差别，学生可留意各银行购买汇率的高低，选择最优惠的银行。如果涉及国外大额支出，建议用银行卡支付，减少持有外币。不过，欧元贬值对促进小语种国家如法国、德国、葡萄牙、意大利等留学人数的效应并不是很明显，毕竟使用欧元的小语种国家本身并不是留学的热门国家。

澳元兑人民币汇率继续呈下跌趋势，这对于有志申请留学澳大利亚的中国留学生来说，是一个极大的利好消息。而英镑兑人民币汇率走低，却再次掀起了留学英国的高潮。不过，相比较澳大利亚，英国留学费用还是会相对较高。

同样，日本游也是最热门选择。理由之一，日本实施了新的退税政策，去日本购物退税更方便，免税店购物可以直接退税，而且退税商品的范围也进一步扩大了；理由之二，日本进一步放宽了签证，其中降低对华个人游客3年多次往返签证的申请门槛，取消对高收入层的访地限制，并将其签证有效期延长至5年。这段时间去日本，最划算的理由是汇率。最近两年是日元相对于人民币贬值最严重的时期。换言之，现在揣着人民币去日本花钱最划算。趁现在人民币兑日元反向升值，多花点人民币让自己玩得尽兴点，值得。在日本的各种消费加上购物，这点团费其实能赚回来不少。

日本一些学者对人民币升值的呼声最高，其意图在于通过日元相对贬值来改善日本的贸易状况，从而扩大出口以带动日本经济复苏。但是我们应该看到：日本虽然是中国第一大贸易伙伴国，但日本对中国贸易并未出现大量逆差，中国产品并未对日本贸易状况构成威胁。日本经济长期萧条有其深层次的原因，是产业结构转型迟滞、劳动生产率增长缓慢、通货紧缩及银行呆坏账积重难返等因素综合作用的结果，无法单纯依靠出口来解决。此外，日本制造业成本高、缺乏竞争力。迫使人民币升值并不会改变日本由于其制造业向海外转移，而引起的产业空洞化的现象。日本目前高昂的人力成本，已不适合技术已经成熟、人工成本起决定性作用的传统制造业在日本继续发展。如果人民币升值，中国的生产成本由于汇率的变动而升高，这些产业会继续向其他发展中国家，如越南、印度尼西亚、泰国等转移。同样，如果人民币升值，也不会提高美国在生产鞋子、衣服、玩具等劳动密集型产业的比较优势。美国经济的疲软源于高技术产业泡沫破灭后的调整，而非贸易状况恶化。国际货币基金组织发表的《世界经济展望》指出，中国总体贸易份额依然很低，不至于导致贸易伙伴普遍出现的通货紧缩。

不少人可能既无留学也无旅游消费的打算，如何规避汇兑损失，是他们关注的问题。如果持有的欧元数量较大，同时又急于兑换成美元或其他外币，不妨借助银行外汇宝产品，直接将欧元兑换为美元，减少中间的汇率损耗。目前，包括中国银银、中国农业银行、浦东发展银行、广东发展银行、汇丰银行等多家银行已推出外汇宝产品，支持包括英镑、港币、美元、欧元、瑞士法郎、日元、加拿大元、澳大利亚元、新加坡元、新西兰元等在内的多个币种间交易。该产品的优势在于，只需首次在银行柜台签订外汇宝交易协议，就可通过网上银行、电话银行、自助终端等进行外汇买卖业务。另外，可获得 24 小时实时报价，了解外汇市场最新动向。投资者可使用市价交易，也可以选择委托交易。记者了解到，部分银行对交易金额设高低划分，如汇丰规定，不足 12 万元人民币的等值外币，交易时间为工作日上午 10 点至下午 4 点；金额达到 12 万元人民币的等值外币，可在周一凌晨 6 点至周六凌晨 5 点进行交易。每日累计交易金额上限为 500 万元人民币等值外币。由于外汇前景尚不明朗，不建议提前很长时间一次性换汇，可择汇率低点分批兑换，降低成本；也可投资一些理财产品取得收益来对冲汇率损失，在美元强势的情况下，可配置美元资产，如美国股市、美国货币基金等产品。

8. 换汇与套汇是不同的事

换汇就是国内居民将手中持有的人民币兑换成所需要的外国货币。我们在换汇的时候会发现，银行换汇的汇率与实际的国际汇率有差距。这是因为银行的挂牌汇率是各家银行在外汇局公布的人民币对美元交易基准汇价的基础上，根据国际外汇市场行情，自行套算出当日人民币对美元、欧元、日元、港币以及各种可自由兑换货币的中间价，即挂牌汇价。由于各家银行对浮动区间的运用不同，具体的美元挂牌汇价有可能不同。有时候当日汇率波动特别大，但是在银行挂牌价上却看不出多大变化。业内人士表示，虽然银行挂牌价与国际汇率并不完全同步，但是大趋势上是同步的，所以大家在换汇前，最好先看清楚要去的银行的外汇挂牌价，要货比三家也是可以的，不过一般各家银行间的差距非常小。

对于准备出国留学的学生家长来说，换汇是必须的，不过什么时候换汇、换多少外汇需要谨慎把握，在美元有走强预期，最近汇率有一定回落情况下，大家可能会有提前购置美元的打算。目前，出国留学的费用在人民币 25 万元至 35 万元之间，留学生家庭一般都会提前预留出这笔费用，“逢低买进”是换汇的一大原则，建议在等待换汇时机的同时也可以利用这笔钱购买理财增加收益，就现在来说，这个起点金额的人民币理财产品预期年化收益率普遍高于外汇理财产品，可以一定程度上抵御汇率波动的影响，相比换汇后做外币理财合算得多。眼看一年之中的 11 月份就要过去，对于中国人来说，后面的几个月将是出国旅游，特别是购物游的旺季，因为圣诞季之后便是各种的打折季，有很多的实惠可以“淘”。一件名牌服饰或箱包，就可以省去机票的费用。其实，持信用卡出境消费比提前换汇更方便，也往往更划算。当然，前往不同的国家和地区也有一定区别，前往东南亚国家及港澳台地区等，银联信用卡可参加促销活动较多；前往欧美国家，刷 VISA、万事达信用卡更为便捷。同时，出行前看准各家银行的返现促销活动，用得好还可以省不少钱。

到泰国旅游出发前要到国内银行先预约兑换小数量泰铢。曼谷到处都是标有“currency exchange”字样的货币兑换点，主要集中在素坤逸大街、考山路、暹罗广场和是隆路。营业时间有时会改变，不过多数兑换点每天在早晨8点到夜晚8点营业。银行的营业时间通常在上午10点到下午4点，ATM机到处都有。如果在国内没换泰珠的话，带上一张银联卡就可以了。到处都有银联标志的ATM，可以提现。如果刷卡消费的话，银联的POS不是很多。

在泰国旅行时，先花掉携带国内换好的小部分泰铢，之后是用银联提现，其次是用美金换泰铢，再其次是VISA和MASTER，最差的是用人民币换泰铢。在联银的ATM上取泰铢是按中国的当地汇率算的，是最理想的方案，手续费为20元人民币。请慎用VISA或MASTER，手续费分别为1.5美元和1美元。由于泰国打压人民币，在泰国当地用人民币换泰珠是1:3.5左右，在ATM上提现或在中国换泰珠是是1:4.5。建议办张华夏银行银联卡，因为华夏银行银联卡在当地有银联标志的取款机进行取款每日每卡第一笔免费，从第二笔开始收取12元/笔手续费；取出的货币为当地货币；汇率为中国银联按照当日汇率进行折算。

泰国换汇的地方到处都是，但是大部分都不接受人民币，即使给换人民币，买进的汇率也是奇低。不想吃亏方法有三：第一，国内换好泰铢。目前到中国银行需提前预约，两天后可换。很多时候银行会说没有泰铢不给你换。第二，是到泰国在ATM上取款，银联在泰国很多地方可以使用。第三，找有银联标识的地方消费，刷卡不收手续费。

建议刷卡最好，并且最好刷银联的，而不是VISA和MASTER，后2个手续费很高；机场也可以换汇，但大部分很不划算。除非手里有美元，那就完全没问题了。所有换汇的地方都接受美刀，而且汇率都差不多，比人民币合算多了。

到马来西亚直接用人民币换马币就可以，换美金后再换马币有可能有汇率损失。再带上信用卡或者是银行卡。马来西亚的Maybank和PUBLIC BANK有一些ATM机支持银联，可以直接取马币，但是把马币换回人民币，会有一定汇率损失。PUBLIC BANK的汇率要稍微高一点，不是很多。有些商店可以刷银联卡，但是真的不多。马来西亚兑换外币现钞的地点主要是两个：一个是银行柜台，汇率稍低一点；还有一个就是money changer，汇率相对银行会高一点。刚到的时候可以适当在机场的银行柜台兑换现金，不要换太多，汇率比较低。

柬埔寨这几年也是国内居民的旅游热点线路。虽然人民币在柬埔寨很好用，商店里还是收美元为主，但导游和小摊贩都愿意要人民币。进入柬埔寨境内旅行时每人换点柬埔寨瑞尔，用起来很是方便，但主要用于支付小费和旅游景点购物。柬埔寨是小费国家，客房服务员、酒店行李员、按摩店服务员、餐厅酒吧的服务员等需要付小费，但付多少小费并没有特别的规定，应当视对方的劳动程度而给。

需要大家注意的是，如果没有大宗购物的需要，在国内银行网点换汇时最好换小面额的外币，大面额外币在国外消费找零时有时会非常麻烦。回国前，尽量将手中的硬币或零钱全部花掉，因为国内银行不收硬币和零钱。

套汇是指利用不同的外汇市场，不同的货币种类，不同的交割时间以及一些货币汇率和利率上的差异，进行从低价一方买进，高价一方卖出，从中赚取利润的外汇买卖。套汇一般可以分为地点套汇、时间套汇和套利三种形式。地点套汇是指套汇者利用不同外汇市场之间的汇率差异，同时在不同的地点进行外汇买卖，以赚取汇率差额的一种套汇交易。地点套汇又分两种：第一种是直接套汇，又

称为两角套汇，是利用在两个不同的外汇市场上某种货币汇率发生的差异，同时在两地市场贱买贵卖，从而赚取汇率的差额利润；第二种是间接套汇，又称三角套汇，是在三个或三个以上地方发生汇率差异时，利用同一种货币在同一时间内进行贱买贵卖，从中赚取差额利润。时间套汇又称为调期交易，它是一种即期买卖和远期买卖相结合的交易方式，是以保值为目的的。一般是在两个资金所有人之间同时进行即期与远期两笔交易，从而避免因汇率变动而引起的风险。三角套汇交易必须以一种货币开始，并且以同一种货币为结束。套利又称利息套汇，是利用两个国家外汇市场的利率差异，把短期资金从低利率市场调到高利率的市场，从而赚取利息收入。

要进行套汇必须具备以下三个条件：存在不同的外汇市场和汇率差价；套汇者必须拥有一定数量的资金，且在主要外汇市场拥有分支机构或代理行；套汇者必须具备一定的技术和经验，能够判断各外汇市场汇率变动及其趋势，并根据预测迅速采取行动。否则，要进行较为复杂的套汇将事倍功半。

如今，套汇的交易主体正迅速扩大，一些跨国公司，国际货币经理人，注册交易商，国际货币经纪人，期货和期权交易商和私人投机商都参与其中。套汇交易不像股票和期货那样集中在某一个交易所里进行交易。事实上，交易双方只要通过一个电话或者一个电子交易网络就可以成交交易。因此，套汇交易市场被称作是超柜台（OTC）或"银行间"交易市场。

事实上，套汇交易市场是一个即时的 24 小时交易市场，交易每天从悉尼开始，并且随着地球的转动，全球各金融中心的营业日将依次开始。首先是东京，然后是伦敦和纽约。与其他金融市场有所不同的是，在套汇交易市场中，投资者可以对无论是白天或者晚上发生的经济，社会和政治事件而导致的汇率波动而随时做出反应。

套汇交易中，主要交易货币是政局稳定的国家发行的，由中央银行认可的，汇率较稳定的，通常用来交易的或者流通性强的货币。日交易量的85%左右来自美元、日元、欧元、英镑、瑞士法郎、加拿大元和澳大利亚元。

9. 硬通货到底“硬”在哪

硬通货是指国际信用较好、币值稳定、汇价呈坚挺状态的货币。硬通货通常由高度工业化的国家发行，被全球广泛接受用于贸易支付，其币值在中短期内保持稳定，并且在外汇市场有极高的流动性。由于各国通货膨胀的程度不同，国际收支状况以及外汇管制程度不同，当一国通货膨胀率较低，国际收支顺差时，该国货币币值相对稳定，汇价坚挺。而在国际金融市场上，习惯称其为硬通货。就目前来看，美元、欧元、澳元、英镑、日元、瑞士法郎，都属于硬通货。而由于中国经济发展的强劲表现，人民币已被世界广大国家列入硬通货范畴。

与硬通货相对的是软通货。它是指币值不稳，汇价呈疲软状态的货币。由于货币发行过度，纸币含金量或购买力不断下降，与其他国家货币的比价也会不断下降。此外国际收支出现大量逆差，也会使一国货币与其他国家货币的比价不断下降。在国际金融市场上，通常把这种币值不断下降、汇价呈疲软状态的货币称为软通货。

硬通货与软通货只是相对而言，它会随着该国经济状况和金融状况的变化而变化。美元在 20 世纪 50 年代曾是硬通货，但在 60 年代后期至 70 年代，由于美国的高速通货膨胀率，以及大量的国际收支逆差，使得美元汇价呈下降趋势，美元由硬通货变为软通货。80 年代初期以来，美国实施高利率政策和紧缩银根政策，美元汇率不断上浮，又成为国际金融市场上的硬通货。此外，硬通货和软通货还有另一层含义。第二次世界大战后，国际金融市场上某些不实施外汇管制、可以自由和无限地兑换黄金和其他国家货币的货币，被称作硬通货。软通货则是指实施外汇管制、不能自由兑换黄金和其他国家货币的货币。

在纸币流通的条件下，纸币的发行量过多，大大超过流通中实际需要的货币数量，会引起纸币严重贬值，物价上涨。纸币因发行过多而急剧贬值，在一些通货膨胀高的国家，由于本国纸币持续贬值而使得人们对于它的信任缺失，转而使用国际信用较好、币值稳定、汇价呈坚挺状态的他国货币。

1997 年 7 月 2 日，泰铢贬值，东南亚金融危机爆发，泰国人很不喜欢自己手中的本国货币，他们更喜欢美金，餐馆、旅馆、景点标价都是美金。而且这种状况到如今仍有余温，所以如果你要到泰国、柬埔寨等国家去旅游的话，一定不要换太多的当地货币，因为人民币在当地比他们本国的货币更受欢迎，人民币在这些国家成为了硬通货。2008 年 12 月 12 日，中韩两国签署了货币互换协议，此协议是中国人民银行自这次金融危机以来第一次与其他央行签署的本币互换协议，成为人民币迈出国门的第一步。既是中国在国际上的地位的提升，也是中国对世界经济的影响力的体现，不仅会促进中国边境贸易的发展，也将减轻企业的境外投资所面临的汇率风险。人民币成为亚洲硬通货这一趋势是与中国的经济发展和改革取得的成绩密不可分的。人民币早在香港已经实现了自由兑换和部分流通，中国在境外一些国家，甚至在美国，流通货币超过百亿元，表明了人民币在国际上的信心不断增强，所有这些加上中国自身的不断发展，成为推动人民币成为区域硬通货的有劲力量。

在 20 世纪末和 21 世纪第一个十年的末尾爆发的两次金融危机中，人民币承担了太多的国际道义，以致让我们的出口型企业背负沉重的包袱。在

1997年后亚洲金融危机愈演愈烈的时候，人民币选择了坚挺；2007年后次贷危机演变为国际金融危机的过程中，人民币依然选择了稳定。1997年12月16日，时任国家主席江泽民出席在马来西亚首都吉隆坡举行的“中国—东盟首脑正式会晤”中表示，中国对加强东亚金融合作持积极态度，中国将不使人民币贬值，以利地区金融秩序稳定。此后，中国领导人在各种场合多次郑重承诺“人民币不贬值”对于愈演愈烈的国际金融危机导致的国内出口型企业难以生存的现状，人民币也没有贬值。国务院总理温家宝在2009年两会期间回答外国记者提问时强调，“我们的目标是在合理、均衡的水平上保持人民币币值的基本稳定。但是，这是由我们自己决定的，任何国家不能对人民币升值或贬值施加压力”。

实际上，从2005年7月份人民币汇率实行改革以来，人民币相对美元升值21%。特别是2009年以来，虽然人民币对美元贬值的幅度并不那么大，但是由于欧洲货币、亚洲货币大幅地贬值，人民币实际上也处在升值的状况。这对于我国外贸出口带来了巨大的压力。6.8367，这是2009年第一个交易日人民币对美元的汇价；6.8309，这是同年7月2日人民币对美元的汇价。仅从数字上来看，从年初开始，人民币依然处于升值状态。同期，美元却选择了主动贬值。从这两次金融危机的表现中看，一些区域经济大国并没有承担起维护地区稳定的重任。为了维护本国的利益，它们动辄对本国货币进行贬值，抑或采取其他“自保”的措施。这些行为给挣扎在金融危机中的周边国家造成了很大的伤害，更不利于地区经济金融的稳定。实际上，正是由于人民币肯于承担国际道义，在中国的一些周边国家，人民币已经成为“硬通货”。仅从事实来看，人民币成为区域结算货币并不过分。

维基百科对硬通货“硬”在哪里作了权威的解释：在经济学中，硬通货（英语：Hard currency或strong currency）指某种在全球范围交易的货币，其可以作为可靠且稳定的贮藏手段。保证一种货币足够“硬”的因素有多种，其中包括政治稳定，低通货膨胀，稳定的货币政策和财政政策，有足够的贵金属储备支持以及同其他货币比价长期保持稳定或攀升。维基百科还用1995年至2008年间国际货币基金组织和欧洲央行公布的欧美国家官方外汇储备货币构成比例数字证明其观点。

表 5　　官方公布的外汇储备货币构成　　单位：%

年份	1995	1996	1997	1998	1999	2000	2001	2002	2003	2004	2005	2006	2007	2008
美元	59.0	62.1	65.2	69.3	70.9	70.5	70.7	66.5	65.8	65.9	66.4	65.7	64.1	64.0
欧元					17.9	18.8	19.8	24.2	25.3	24.9	24.3	25.2	26.3	26.5
德国马克	15.8	14.7	14.5	13.8										
英镑	2.1	2.7	2.6	2.7	2.9	2.8	2.7	2.9	2.6	3.3	3.6	4.2	4.7	4.1
日元	6.8	6.7	5.8	6.2	6.4	6.3	5.2	4.5	4.1	3.9	3.7	3.2	2.9	3.3
法国法郎	2.4	1.8	1.4	1.6										
瑞士法郎	0.3	0.2	0.4	0.3	0.2	0.3	0.3	0.4	0.2	0.2	0.1	0.2	0.2	0.1
其他	13.6	11.7	10.2	6.1	1.6	1.4	1.2	1.4	1.9	1.8	1.9	1.5	1.8	2.0

Sources：1995－1999，2006－2008 国际货币基金组织：官方公布的外汇储备货币构成（Currency Composition of Official Foreign Exchange Reserves）。

资料来源：1999－2005，欧洲中央银行：外汇储备的积累（The Accumulation of Foreign Reserves）。

10. 世界主要外汇交易市场

外汇市场区别于其他交易市场最明显的一点就是时间上的连续性和空间上的无约束性。换句话说，外汇市场是一个24小时不停止的市场，主要的波动和交易时间从周一新西兰开始上班到周五美国芝加哥下班。周末在中东也有少量的外汇交易存在，但可基本上可忽略不计。外汇市场主要的交易时段如表6所示。全球外汇市场最密集的时间点在纽约和伦敦市场都同时进行的时间，这是外汇交易最火爆的时候，这个时间最好在晚上9点半到12点半之间，3个小时的时间抽一个小时做，这样的话比较有效率，机会也比较多。北京时间晚上9点半到12点之间，也是美国很多经济指标发布的时候。

表 6

外汇市场	开始时间　北京时间	结束时间　北京时间
惠灵顿	04:00	13:00
悉尼	06:00	15:00
东京	08:00	15:30
香港	10:00	17:00
法兰克福	14:30	23:00
伦敦	15:30	次日 00:30
纽约	21:00	次日 04:00

（1）英国伦敦外汇市场。伦敦外汇市场由经营外汇业务的银行及外国银行在伦敦的分行、外汇经纪人、其他经营外汇业务的非银行金融机构和英格兰银行构成。伦敦外汇市场有约 300 家领有英格兰银行执照的外汇指定银行，其中包括各大清算银行的海外分行。世界 100 家最大的商业银行几乎都在伦敦设立了分行。它们向顾客提供了各种外汇服务，并相互间进行大规模的外汇交易。伦敦外汇市场上的外汇经纪人有 90 多家，这些外汇经纪人组成经纪协会，支配了伦敦外汇市场上银行间同业之间的交易。

伦敦外汇市场没有固定的交易场所，而是用电传、电报、电话及电子计算机控制系统进行交易，伦敦外汇市场是一个典型的无形市场。市场上的交易货币几乎包括所有的可兑换货币，规模最大的是英镑兑美元的交易，其次是英镑兑欧元和日元的交易。此外，像美元兑欧元、欧元兑日元、日元兑美元等多边交易，在伦敦外汇市场上也普遍存在。

在伦敦外汇市场上的外汇交易类别有即期外汇交易、远期外汇交易和调期外汇交易等。除了外汇现货交易外，伦敦也是最大的外汇期货和期权交易市场。

伦敦外汇市场上，参与外汇交易的外汇银行机构约有 600 家，包括本国的清算银行、商人银行、其他商业银行、贴现公司和外国银行。在伦敦外汇市场上，约有 250 多个指定经营商作为外汇经纪人。但银行间的外汇交易不一定通过外汇经纪人。

伦敦外汇市场交易货币种类众多，最多达 80 多种，经常有三、四十种。交易处理速度很快，工作效率高。伦敦外汇市场上外币套汇业务十分活跃，自从欧洲货币市场发展以来，伦敦外汇市场上的外汇买卖与“欧洲货币”的存放有着密切联系，使伦敦外汇市场的国际性更加突出。

（2）美国纽约外汇市场。纽约外汇市场不仅是美国外汇业务的中心，也是世界上最重要的国际外汇市场之一。其每日的交易量居世界第二位，是全球美元交易清算中心。同时，纽约外汇市场是抽象的外汇市场，它通过电报、电话、电传、电脑终端机与国内外联系，没有固定的交易场所。参加市场活动的有联邦储备银行、美国各大商业银行的外汇部门、外汇银行在美国的分支与代理机构、外汇经纪人、公司财团、个人等。联邦储备银行执行中央银行的职能，同许多国家银行订有互惠信贷，可以在一定限度内借入各种货币，干预外汇市场，维持美元汇率的稳定。纽约外汇市场上的大商业银行是最活跃的金融机构，外汇买卖和收付通过它们在国内外的分支行和代理机构进行。

纽约外汇市场由三部分组成。第一是银行与客户之间的外汇交易市场，第二是纽约银行间的外汇交易市场，第三是纽约各银行与国外银行间的外汇交易市场。其中纽约银行间的外汇交易占整个外汇市场交易量的 90%。商业银行在外汇交易中起着极为重要的作用。在纽约外汇市场上交易的货币，主要有欧元、英镑、加拿大元、日元等。其中欧元占 40% 左右，日元占 23% 左右，英镑占 19% 左右，加拿大元占 5% 左右。

由于美国没有外汇管制，政府也不指定专门的外汇银行，几乎所有的美国银行和金融机构都可以经营外汇业务。纽约外汇市场的参加者以商业银行为主，包括 50 余家美国银行和 200 多家外国银行在纽约的分支机构、代理行及代表处。纽约外汇市场上的外汇交易分为三个层次：银行与客户间的外汇交易、本国银行间的外汇交易以及本国银行和外国银行间的外汇交易。其中，银行同业间的外汇买卖大都通过外汇经纪人办理。纽约外汇市场有 8 家经纪商，虽然有些专门从事某种外汇的买卖，但大部分还是同时从事多种货币的交易。外汇经纪人的业务不受任何监督，对其安排的交易不承担任何经济责任，只是在每笔交易完成后向卖方收取佣金。

纽约外汇市场交易活跃，但和进出口贸易相关的外汇交易量较小。相当部分外汇交易和金融期货市场密切相关。汇率报价既采用直接标价法（对英镑）又采用间接标价法（对欧洲和其他国家货币），便于在世界范围内进行美元交易。交易货币主要是欧洲大陆、北美加拿大、中南美洲、远东日本等国货币。

（3）日本东京外汇市场。日本东京外汇市场与伦敦市场、纽约市场相似，是一个无形市场，交易者通过现代化通讯设施联网进行交易。在外汇价格制定上，东京市场又与欧洲大陆的德国、法国市场相似，采取“订价”方式。每个营业日的上午 10 点，主要外汇银行经过讨价还价，确定当日外汇价格。

从交易货币和种类看，日本的进出口贸易多以美元结算，东京外汇市场 90% 以上是美元对日元的买卖，日元对其他货币的交易较少；交易品种有即期、远期和掉期等。即期外汇买卖又分为银行对客户当日结算和银行同业间的次日结算交易。东京外汇市场上即期、远期交易的比重都不高，掉期业务量很大。而其中又以日元对美元的掉期买卖为最大。

东京外汇市场的参加者有五类：一是外汇专业银行，即东京银行；二是外汇指定银行；三是外汇经纪人；四是日本银行；五是非银行客户，主要是企业法人、进出口企业商社、人寿财产保险公司、投资信托公司、信托银行等。东京外汇市场上，银行同业间的外汇交易可以通过外汇经纪人进行，也可以直接进行。日本国内的企业、个人进行外汇交易必须通过外汇指定银行进行。汇率有两种，一是挂牌汇率，包括了利率风险、手续费等的汇率。每个营业日上午 10 点左右，各家银行以银行间市场的实际汇率为基准各自挂牌，原则上同一营业日中不更改挂牌汇率。二是市场连动汇率，以银行间市场的实际汇率为基准标价。

（4）新加坡外汇市场。新加坡外汇市场是全球第四大外汇市场，日平均交易量仅次于东京。新加坡外汇市场的主要参与者是外汇银行、外汇经纪人、商业客户和新加坡金融管理局。其中外资银行的资产、存放款业务和净收益都远远超过本国银行。新加坡外汇市场上，银行间的交易都通过经纪人进行，但外汇经纪人只获准作为银行的代理进行外汇交易，不能以本身的账户直接与非银行客户进行交易。新加坡的银行与境外银行的外汇交易一般直接进行。新加坡金融管理局只作为监督和管理外汇银行、干预外汇市场而参加。

新加坡外汇市场属于无形市场，通常上午 8 点开市交易，下午 3 点收市。新加坡地处欧亚非三洲交通要道，时区优越，上午可与香港、东京、悉尼进行交易，下午可与伦敦、苏黎世、法兰克福等欧洲市场进行交易，中午还可同中东的巴林、晚上同纽约进行交易。根据交易需要，一天 24 小时都同世界各地区进行外汇买卖。新加坡外汇市场除了保持现代化通讯网络外，还直接同纽约的 CHIPS 系统和欧洲的 SWIFT（环球银行金融电信协会）系统连接，货币结算十分方便。

新加坡外汇市场是一个无形市场，大部分交易由外汇经纪人办理，并通过他们把新加坡和世界各金融中心联系起来。交易以美元为主，约占交易总额的 85% 左右。大部分交易都是即期交易，掉期交易及远期交易合计占交易总额的三分之一。汇率均以美元报价，非美元货币间的汇率通过套算求得。

（5）中国香港外汇市场。中国香港外汇市场是一个无形市场，没有固定的交易场所，交易者通过各种现代化的通讯设施和电脑网络进行外汇交易，是世界第五大外汇交易中心。香港地理位置和时区条件与新加坡相似，可以十分方便地与其他国际外汇市场进行交易。每天开市的正式时间是上午9点，但许多金融机构半小时以前就有行市显示。到下午5点，各大银行都已冲平当日外汇头寸，基本上不再作新的成交，一般可以认为下午5点是收市时间。但实际上，许多机构在香港的外汇市场结束后，继续在相继的伦敦市场、纽约市场完成交易，直到纽约市场收市才停止。

香港外汇市场由两个部分构成。一是港币兑外币的市场，其中包括美元、日元、欧元、英镑、加元、澳元等主要货币和东南亚国家的货币。当然也包括人民币。二是美元兑其他外汇的市场。这一市场的交易目的在于完成跨国公司、跨国银行的资金国际调拨。在香港外汇市场中，美元是所有货币兑换的交易媒介。港币与其他外币不能直接兑换，必须通过美元套购，先换成美元，再由美元折成所需货币。

香港外汇市场的参加者主要是商业银行和财务

公司。有外汇经纪人介入。香港外汇市场上的交易可以划分为两大类：一类是港币和外币的兑换，其中以和美元兑换为主。另一类是美元兑换其他外币的交易。

（6）瑞士苏黎世外汇市场。瑞士苏黎世外汇市场没有外汇经纪人，所有外汇交易都在银行同业之间直接进行，参与的外汇银行有瑞士信贷银行、瑞士联合银行等，还有外国银行在瑞士的分行、国际清算银行和瑞士国家银行。外汇交易中主要是瑞士法郎对美元的交易，对其他货币通过美元进行交叉买卖，因此瑞士法郎兑美元的汇率是苏黎世外汇市场的主要汇率，瑞士法郎对其他货币的汇率采用以美元进行套算。

（7）德国法兰克福外汇市场。德国法兰克福外汇市场分为订价市场和一般市场。订价市场由官方指定的外汇经纪人负责撮合交易，它们分属法兰克福、杜赛尔多夫、汉堡、慕尼黑和柏林五个交易所，它们接受各家银行外汇交易委托，如果买卖不平衡，汇率就继续变动，一直到买和卖相等，或中央银行干预以达到平衡，订价活动方结束，时间大约是中午12：45。德国联邦银行派有专业人员参加法兰克福外汇市场的交易活动，以确定马克的官价。中央银行干预外汇市场的主要业务是美元对马克的交易，其中70%为即期外汇，30%为远期外汇，有时也对外币与外币之间的汇率变动进行干预。外汇经纪人除了撮合当地银行外汇交易外，还随时与各国外汇市场联系，促进德国与世界各地的外汇交易活动。

最佳交易时段建议：两大外汇交易地区重叠交易时段，如亚洲和欧洲市场重叠（北京时间15:00－16:00左右），欧洲和北美洲市场重叠（北京时间20:00－24:00左右）的交易时段市场最活跃。伦敦、纽约外汇市场交易时段，特别是伦敦、纽约两个市场交易时间的重叠区（北京时间20:00－24:00左右），是各国银行外汇交易的密集区，因此是每天全球外汇市场交易最频繁，市场波动最大，大宗交易最多的时段。每周中间时段（北京时间周二至周四区间）是一周交易较活跃时期，较适宜交易。

此外，一般本地货币会在本地市场的交易时段内比较活跃，大家也可根据自己手中的币种进行交易时段的选择。比如：亚洲市场开市时的澳元、日元相对比较活跃，欧洲市场开市时的欧元、英镑、瑞士法郎相对比较活跃，美洲市场开市时的美元、加元相对比较活跃。

11. 挥之不去的美元

美元是美利坚合众国的官方货币。美元的发行主管部门是国会，具体发行业务由联邦储备银行（U. S Federal Reserve Bank）负责办理。美元是外汇交换中的基础货币，也是国际支付和外汇交易中的主要货币，在国际外汇市场中占有非常重要的位置。美元的代码是“USD”；货币进制单位是 1 美元（dollar）$ = 100 美分（cent）¢。流通中纸币的面值有 1 美元、2 美元、5 美元、10 美元、20 美元、50 美元、100 美元；硬币的面值有 1 美分、5 美分、10 美分、25 美分、50 美分、1 美元。

“$”是美元标志的一种代表符号。美元标志的由来较为普遍的有两种说法：一种说法是，这个符号是将一个写得较窄的 U 放在一个写得较宽的 S

上面形成，它代表美国（United States）的美元符号。另一种说法是 PS 叠合写法的演变。PS 是 18 至 19 世纪期间美国的一种圆形硬币比索（PESO）的缩写，这种硬币在 1974 年美国正式建立造币厂以前一直在全国通用。后来美国政府认可了 $ 这个符号作为新货币的一个单位，即一美元。在书写时，$ 要摆在数字前面。如 1 美元应写成“$1”，50 美元写成“$50”。

19 世纪末，美国已变成世界上最强大国家。第一次世界大战爆发时，美国的经济总量大于其余三个最大的国家：英国、德国、法国，甚至它们的总和，这使得美元的地位日益突出。一战中，欧洲国家的黄金流入美国购买战争用品。美国联邦储备银行将这些黄金作为法定货币导致了通货膨胀。后来美国联邦储备银行决定治理通货膨胀，试图使价格恢复到原来的水平。接下来便是一段通货紧缩时期。虽然金本位体系是自由资本主义繁荣昌盛的“黄金时代”，固定汇率制拥有保障国际贸易和信贷安全，方便生产成本核算，避免了国际投资风险，推动国际贸易和国际投资发展的优势。然而，严格的固定汇率制使各国难以根据本国经济发展的需要执行有利的货币政策，经济增长受到较大制约。二战期间，国际货币体系更是乱成一团。1943

年，美国财政部官员怀特和英国财政部顾问凯恩斯分别从本国利益出发，设计战后国际货币金融体系，提出了两个不同的计划，即“怀特计划”和“凯恩斯计划”。

“怀特计划”主张取消外汇管制和各国对国际资金转移的限制，设立一个国际稳定基金组织发行一种国际货币，使各国货币与之保持固定比价，也就是基金货币与美元和黄金挂钩。会员国货币都要与基金货币保持固定比价，不经“基金”会员国四分之三的投票权通过，会员国货币不得贬值。而“凯恩斯计划”则从当时英国黄金储备缺乏出发，主张建立一个世界性中央银行，将各国的债权、债务通过它的存款账户转账进行清算。

第二次世界大战期间，唯有美国在战争中发了财，经济得到空前发展。黄金源源不断流入美国，1945 年美国国民生产总值占全部资本主义国家国民生产总值的 60%，美国的黄金储备约占世界黄金储备的 59%，相当于整个资本主义世界黄金储备的四分之三。美国登上了资本主义世界盟主位置。1944 年 7 月，第二次世界大战中的 44 个同盟国在美英的组织下，在美国新罕布什尔州的布雷顿森林村一家旅馆召开了“联合和联盟国家国际货币金融会议”，通过了以美国财长助理怀特提出的怀特计划为基础的《国际货币基金协定》和《国际复兴开发银行协定》，总称布雷顿森林协定，开始建立布雷顿森林体系。布雷顿森林体系的核心就是确立美元在国际货币体系中的霸主地位。应该讲，布雷顿森林体系给美国带来了巨大的利益。首先，它使美国可以不受限制地向全世界举债，但其偿还债务却是不对等的或者干脆是不用负责任的。因为它向别国举债是以美元计值的，它可以让印钞厂毫无节制地加印美元，即便造成美元贬值，也能减轻其外债负担，又可刺激出口，改善其国际收支状况。其次，由于美经济实力雄厚，投资环境比较稳定，在美投资能带来较多利润，因而许多人都想在美投资。而大量流通性美元的到来，使其利率下降，弥补财政赤字的成本得到压缩。美元是国际货币，当美国出现外贸逆差时，美政府可通过印刷美钞来弥补赤字，维持国民经济的平衡，而将通货膨胀转嫁给其他国家。这正是战后的美国虽经历了数十年的高额财政赤字却依然能保持经济状况稳定的主要原因。再有，美国获得巨额的货币发行利润。(美元是世界货币。当一张纸币被印制出来时，其币值就应该等于这张纸币所能购买到的社会产品价值，而此价值与铸币成本中间的差额即为美国的货币发行利润。）根据联邦储备体系最近的估计，在所有流通的美元中，大约三分之二为美国境外持有。而美国印制一张1美元钞票的材料费和人工费只需0.03美元，却能买到价值1美元的商品，美国由此得到每年大约250亿美元的巨额货币发行利润，第二次世界大战以来累计收益在二万亿美元左右。

而随着日本和西欧经济复苏和迅速发展，美国的霸权地位受到挑战，美元加剧了黄金供求状况的恶化，在20世纪50年代与60年代，美国为发展国内经济及对付越南战争造成的国际收支逆差，不断增加货币发行，使美元远远低于金平价，黄金官价越来越成为买方一相情愿的价格。欧洲由于越南战争产生了一股反美情绪，把所有的顺差以黄金的形式进行储备。美国的黄金储备跌至1970年的2亿5千万盎司。将近三分之二黄金储备的流失，进一步增加了美元的超额供应和对黄金的超额需求。加之国际市场上投机者抓住固定汇率制的瓦解趋势推波助澜，导致固定汇率制彻底崩溃。1971年出现了“美元危机”，尽管美国政府为挽救美元采取了许多应急措施，都未能奏效。美国经济衰退、资本大量流失、美元在全世界泛滥成灾。最终美国黄金储备面临枯竭的危机，不得不放弃美元金本位，美元失去了其等同黄金的特殊地位。当然，美元活到今天并非无缘由：零通货膨胀增长，美国资产市场的安全性质，以及欧元风险通常会让美元安全渡过难关。

美元纸币正面主景图案为人物头像，主色调为稍深黑色略显灰，背面主景图案为建筑，主色调为绿色。上面的签名是发行年代财政部长的签名。从头像大小样式看，有小头版美元和大头版美元之分。1 美元正面是首任美国总统乔治·华盛顿肖像，背景主景是美国国玺。2 美元正面是第 3 任美国总统托马斯·杰弗逊肖像，背面是杰弗逊故居或独立宣言签字会场。5 美元正面是废除美国奴隶制的第 16 届总统亚伯拉罕·林肯肖像。背面是林肯纪念堂。10 美元正面是美国第一任财政部长亚历山大·汉密尔顿肖像。背面是美国财政部大楼。20 美元正面是第 7 届美国总统安德鲁·杰克逊肖像，背面是白宫。50 美元正面是第 18 届总统尤利斯·格兰特肖像。背面是美国国会大厦。100 美元正面是著名科学家、政治家、金融家本杰明·富兰克林肖像，背面是费城独立纪念堂。

美元纸质采用棉纤维和麻纤维混合制成。棉纤维长使纸张不易断裂，吸墨好、不易掉色。麻纤维结实坚韧，使纸张挺括，经久耐用不起毛，对水、油及一些化学物质有一定的抵抗能力。美元纸张中没有添加增白剂，呈本白，在紫光灯下不反光。美元纸张内夹有红蓝纤维丝。纤维丝有的夹在纸中，有的浮于表面，用针尖可以把纤维丝挑出来。美元纸币人像左侧加入了一条被称作“迈拉”的聚酯类高分子物质制成的安全线，安全线上有美元符号及面额数字，迎光透视清晰可见。美元采用荧光油墨和磁性油墨等专用油墨特制，故美钞正面右侧的绿色徽记和绿色号码，在白纸上用力擦拭后，纸上能留下“绿痕”。部分美元会随光线角度不同而显示黑和绿之间变换。美元的主要图案是雕刻凹版印刷，库印及连号等为凸印。下面肖像窗周围加有缩微文字。美钞下面印有国库印记，文字标明“THE DEPARTMENT OF THE TREASURY”（财政部），盾牌外围上半部是 22 个圆点，下半部是 17 个圆点，直径 16 毫米。库印的颜色有绿、蓝、黄、红、棕五种，库印的上方是首都名称“WASHINGTON, D. C.”。

2013 年，新版 100 面额美元发行问世，并采用 3D 动感莫森工艺，包括若干先进防伪工艺技术。新版美元正面图案发生较大变化，取消了富兰克林头像底部同心圆，新增羽毛笔、独立钟配对工艺、不同形体文字底纹印刷，票面更充实，丰富多彩。图案空白处纸张显豆青色，与原来的鱼白色明显有异。新版美元背面图案发生了根本变化，如同变脸，从旧版美元采用独立堂正面到新版采用背面，面目全非。新版美元突出 3D 动感 PET 塑质技术，6 毫米大开 3D 动感安全线莫森工艺，技术原理类似万花筒，色彩缤纷的演变速度超过人眼观看的 200 倍，光透视后交替出现压印 USA 与 100 金额数字。很难仿制。左侧票面内隐蔽着一条安全线，底部伴随 ASU 与 100 金额数字变化。新版美元的冠字号码更为壮观。消费者花钱时轻轻手触，其立体感觉非常明显。

各联邦银行及对应城市、代码、字母如表 7 所示。

表 7

城市	代码	字母	城市	代码	字母
波士顿	1	A	芝加哥	7	G
纽约	2	B	圣路易	8	H
费城	3	C	明尼阿波利斯	9	I
克利夫兰	4	D	堪萨斯州	10	J
里士满	5	E	达拉斯	11	K
亚特兰大	6	F	旧金山	12	L

美元在印刷时是在一张纸上印 32 张钞票，26 个字母不够用，于是把一张大纸切成四开，每开有

8张，并使用8个检查字母（A-H），表示每张钞票在某一开的位置。四开按1—4编号，称四开号，用小字印在左上角检查字母的右下角。如C2表示此票在印制时是在第2开的第三个位置。

在美钞正面右下角检查字母的右边，或在检查字母的下边，印有很小的数字，这是正面版号。背面右下面或右中的数字，是背面版号。由一或两个开头字母加上8个数字和一个末尾字母组成。法律规定每一个号码只能出现一次，因此美国联邦储备银行有时就印制将连号的末尾改成星号的美元来弥补暂时的货币短缺。

鉴别真假美元的基本方法：真美元四角面额数字用手抚摸，有明显凹凸感，假美元手摸印迹线无凹凸感；真美元票面空白区含有细小的红、蓝纤维丝，用针尖可将其挑出，假美元虽也能用针挑出假纤维丝，但在紫光灯下检查无荧光反映；真美元票面右侧的绿色徽记和号码，在白纸上用力擦后，纸上会留下鲜明的绿色印迹，假美元擦后，虽有痕迹，但不明显；真美元质地坚韧挺拔，用手轻轻一弹，可发出啪啪响声，而假美元则无任何响声；真美元的正面人物、图像、文字、花边等用含有磁性物质乌黑色油墨印制，鲜艳夺目，假美元用劣质油墨印制，其色泽与真美元相比反差较大；真美元人物肖像眼神炯炯有神，而假美元人物肖像眼神呆滞，其人物线条模糊不清；以 50 美元为例，垂直位于肖像右边纸张内镶嵌的安全线，迎光可见连续的“USA50”字样和一面小旗，紫光灯下安全线有黄色荧光反映；迎光透视钞票正面右边（背面在左边）可见格兰特总统的肖像水印；在钞票正面右下角用变色油墨印“50”面额数字，上下倾斜钞票时，该数字会从铜色变为绿色。

美元指数类似于显示美国股票综合状态的道琼斯工业平均指数，美元指数显示的是美元的综合值。一种衡量各种货币强弱的指标。出人意料的，美元指数出自纽约棉花交易所。它通过计算美元和对选定的一揽子货币的综合的变化率，来衡量美元的强弱程度，从而间接反映美国的出口竞争能力和进口成本的变动情况。如果美元指数下跌，说明美元对其他的主要货币贬值。美元指数期货的计算原则是以全球各主要国家与美国之间的贸易结算量为基础，以加权的方式计算出美元的整体强弱程度。

美元指数权重是：欧元57.6%、日元13.6%、英镑11.9%、加拿大元9.1%、瑞典克朗4.2%、瑞士法郎3.6%。

12.

欧元走在光辉的荆棘路上

欧元是欧盟中 19 个国家的货币。欧元的 19 个会员国是爱尔兰、奥地利、比利时、德国、法国、芬兰、荷兰、卢森堡、葡萄牙、西班牙、希腊、意大利、斯洛文尼亚、塞浦路斯、马耳他、斯洛伐克、爱沙尼亚、立陶宛、拉脱维亚。欧元是欧元区唯一合法货币。欧元由欧洲中央银行（ECB）和各欧元区国家的中央银行组成的欧洲中央银行系统（ESCB）负责管理。另有非欧盟 6 个国家摩纳哥、圣马力诺、梵蒂冈、黑山、科索沃和安道尔同样使用欧元。

欧元标准代码是“EUR”，其惯用符号是“€”。欧洲委员会宣称这一符号是代表欧洲文明的希腊文字 epsilon 中的首个字母大写“E”与代表欧元稳定的横划平行线的组合。欧洲委员会最初规定欧元符具有确定的结构比例，不依字体而变化。但是严格保持其尺寸将导致欧元符在大部分字体中比其他符号和数字要宽，而且有时会出现布局上的问题。因此大部分字体设计者忽略了欧洲委员会的规定，而自行设计各种字体中的欧元符变体，通常基于该字体中的大写字母C。欧元的货币进制单位是1欧元 = 100欧分。

根据《马斯特里赫特条约》规定，欧元于2002年1月1日起正式流通。欧元纸币一共有7种面额。每种面额的欧元纸币的设计在各国都是一样的。分别是5欧元、10欧元、20欧元、50欧元、100欧元、200欧元和500欧元。七种面值的纸币，都无一例外的采用了正面为门窗，背面是桥的设计方式，分别表现出了欧洲不同时期的不同建筑风格，代表了七个不同时期的欧洲文化历史。拱门和窗户图案象征着开放和合作的精神，欧洲联盟的12颗星星代表动力和欧洲国家的团结。纸币背面的桥形建筑代表着欧洲国家之间以及欧洲与世界的合作与沟通。纸币上印着货币的数额，后面分别用拉丁语和希腊语字母标注。欧洲中央银行的首字母缩写用欧盟国家的官方语言的五种语言变体标志。拱门和窗户图案象征着开放和合作的精神，欧洲联盟的12颗星星代表动力和欧洲国家的团结。纸币背面的桥形建筑代表着欧洲国家之间以及欧洲与世界的合作与沟通。根据欧盟各成员国的平等原则，欧元纸币上的设计元素并不代表任何具体的建筑物。这种相对中性的选择，最大化的体现了各国的共同价值观，并有效避免了欧元区国家由于纸币设计引起的纷争。

欧元硬币有1分、2分、5分、10分、20分、50分，1元，2元8种面值。欧元区16个国家的硬币有一面图案相同，而另一面则不相同。欧分没有官方推荐的符号，其金额一般用欧元的小数表示，如5欧分写作€0.05。在爱尔兰通常可见小写“c”表示的价格，不过商店中有时使用分币符“¢”。希腊则广泛用其原货币单位Lepton（Λεπτά）的缩写—大写字母“Λ”表示，而且这一单位还被用在希腊发行的欧元硬币自行设计面上。德国通常使用“cent”的缩写“ct”。芬兰一般使用小数形式，如 –.82 €，不过有时也可以看到芬兰语“sentti”的缩写“snt”，如50snt 。欧元符在货币表示中的位置也存在着差异。虽然官方推荐将其放置在数字之前，但不少国家的人们还是保留了原有货币的习惯。在法国€3.50通常被写成3€50，这来自于法郎的书写习惯。

新版欧元于2014年9月23日上市流通。新版欧元上印有神话人物欧罗巴的肖像水印作为安全标记。印在纸币正面的面值数字从侧面观察颜色会从祖母绿变成深蓝，纸币边缘设置了凸起的波纹，用特殊材料印制，比其他部分略厚。事实上，欧洲央行推出新版欧元目的之一是为了方便人们在自动提款机、自动售货机上取款或付款，避免出现因钞票用旧机器无法识别的情况。

所有的纸币上都印有欧盟旗帜，5 种欧盟使用的官方语言来表示欧洲中央银行的缩写字样（BCE，ECB，EZB，EKT，EKP）、欧洲地图、“欧元”文字以及欧洲央行行长的签名。2002 年，首任行长维姆·德伊森贝赫的签名出现在纸币上，随后被让－克洛德·特里谢的签名所取代。2012 年 3 月印有现任行长马里奥·德拉基签名的纸币开始发行。

欧洲中央银行介绍辨别欧元纸币真伪的主要方法如下：（1）触摸的感觉是：纸张经过特殊材料处理，使之坚韧并有脆性；纸币上的主要图案、代表面值的大号数字和代表欧洲央行的字母缩写采用凹版印刷，使之触摸起来有凹凸感。（2）观察的印象是：纸币经过水印处理，图案包括纸币的面值以及不同时期欧洲建筑的窗户，迎着光线观察，原本模糊的图案变得清晰可见；迎着光线观察，可在纸币中间发现一条磁性黑线，在黑线中间印有透明的“欧元”字样及相应面值；迎着光线观察，可看到纸币正面左上角和背面右上角的不完整数字合二为一，该数字代表纸币的面值。（3）倾斜会看到：在5欧元、10欧元及20欧元纸币的正面右侧，有一条全息图像带，反复上下倾斜可看到纸币面值、欧盟旗帜、欧元符号及“欧元”字样；在50欧元至500欧元纸币的正面右侧，有一个全息图像标签，上面印有纸币面值、微缩“欧元”字样及纸币正面主图案；在5欧元、10欧元及20欧元纸币的背面，有一条印有纸币面值及欧元符号的彩虹带；在50欧元至500欧元纸币的背面右下角，有用光变油墨印刷的面值数字，反复上下倾斜可看到其颜色变化。另外，欧元纸币在红外仪器下，纸币的一部分会消失；而在紫外线下，纸币图案会有荧光效应；仔细观察纸币，可看到非常微小但仍可用肉眼识别的文字，这些文字线条细而清晰，很难通过一般印刷来伪造；纸币上不规则排列的圆圈，某些复印机可通过这些圆圈来识别纸币，进而拒绝对其复印；通过数学加密算法将信息嵌入图案中，使一些图像处理软件识别，并拒绝对其处理；纸币的特定区域用磁性油墨印刷（如纸币序列号），以便特殊仪器探测；将纸币迎着光线观察，可发现纸币中间偏左的地方有条形码水印，不同面额所展示的条形码不同。

欧元的最高意义就在于，欧洲渴望通过创立一个强势货币和一个强大的区域货币体系安排来与美元展开竞争，谋求欧洲的利益，并对国际货币体系产生深远影响。欧元区人口达3.3亿，GDP超过13万亿欧元，在世界贸易总额中的比重超过15%。欧元流通后，将成为国际贸易中的主要结算货币以和官方储备货币，对美元的统治地位直接构成威胁。

欧元对区域经济整合有着良好的示范作用。半个世纪以来，在欧洲一体化的鼓舞下，世界经济区域化蔚然成风、欣欣向荣，当今除欧盟、北美自由贸易区和亚太经合组织三大集团外，还有东盟、南亚经济共同体、南太平洋自由贸易区、海湾经济共同体、经济合作组织、加勒比海经济共同体、南美经济共同体、西北非经济共同体、中非经济共同体、南非经济共同体等几十个区域性的经济集团。欧元的启动与使用，为区域整合提供了新的思路，使得现有的区域经济整合方式向前又迈进了一大步。事实证明，欧盟浮动汇率机制下各自为政的多国货币币值“软硬”不一，利率的差别、汇率的变动等因素都引发过欧盟内部金融秩序的混乱。欧元作为单一货币正式使用后，上述问题将会大大得到缓解。随着欧元地位的上升和欧洲资本市场的发展，成员国的资金成本也会下降，有利于投资和经济增长。

从经济利益的角度讲，未来欧元区在国内生产总值和对外贸易总额两个方面都极有可能超过美国和日本。欧元启动以后，统一货币与统一市场的共同促进无疑会带来新的经济增长，使得欧盟在与美国和日本等经济强国的竞争中处于有利地位。

欧元对于中国的影响主要集中在贸易和投资领域，欧元贬值肯定有利于欧元区一些企业对中国的这种出口。而从投资来看，欧元贬值使得人民币和美元更值钱了，所以购买资产会变得便宜。但是要小心买的东西扎手，投资者要看清楚。

当然，欧洲经济恢复乏力也是一个非常棘手的问题。欧元区内各国经济发展水平不一是一个长期的问题。德国是最大的受益国，但希腊的债务危机却让希腊人几乎要退出欧元区。美国对欧洲的打压政策也迫使欧元在近期很难有出色的表现。欧元的路还很漫长。

500
BCE ECB EZB EKT EKP 2002
500
500 EURO
ΕΥΡΩ
500
500
500
BCE ECB ЕЦБ EZB EKP EKT EKB BCE EBC 2013
5
EURO
ΕΥΡΩ
ЕВРО
5
UC5109343219
343219
5
EURO
ΕΥΡΩ
ЕВРО

13. 日元与美元之间的关系很难懂

日元是日本的官方货币，经常在美元和欧元之后被当作世界上许多国家的官方储备货币。日元由日本银行及各地区有发行权的分行发行。日本目前拥有巨额的进出口贸易顺差及世界外汇储备国第二的位置，目前是世界第三大进口国及出口国。日元是战后升值最快的货币之一，其在外汇交易中的地位非常重要。

日元的货币代码写作“JPY”，货币符号用“¥”表示。日元的货币进制单位是1元=100分。日元在日文中写作“日圆”，而表示货币单位的元写作“円”。“日圆”中的“圆”字来自香港，因当地最先把银圆由形容词变成量词使用，并在所生产的银元刻上“香港壹圆”四字。这个变化传到日本后随即成了日元的名称。在清傅云龙所著

《游历日本图经》中指“円”为“圓”的俗字。江户时代日本人太宰纯于《倭楷正讹》遗稿例举俗字即有外“口”内“丨”之形，可见“円”其来有自。流通中的日元纸币面值有1000元、2000元、5000元、10000元，日元硬币面额有1元、5元、10元、50元、100元、500元。

10000日元主色调为棕色，票面正面图案是日本教育家福泽谕吉的肖像，背面图案是两只雉。5000日元主色调为深紫色，票面正面图案是日本教育家新渡户稻造的肖像，背面图案是富士山；新版5000日元正面改作明治时期的女作家樋口一叶。1000日元主色调为棕色，票面正面图案是日本小说家夏目漱石的肖像，背面主景是两只仙鹤；而新版1000日元正面图案改作日本医学家野口英世，背面图案改作富士山。千禧年而发行的2000日元纸币正面图案是2012年7月西方工业国家首脑会议召开所在地冲绳县的代表性历史建筑守礼门，纸币背面图案选自源氏物语画册中主人公光源氏父子相见的场面，另配有源氏物语作者紫式部的肖像。

日元钞票正面文字由左至右全部使用汉字，中间或左方印有“日本银行券”字样。背面则有罗马文拼音日本银行的行名“Nippon Ginko”、货币单位名称“Yen”字样。日元钞票无发行日期，发行单位负责人使用印章的形式。日元的纸张采用日本特有的物产“三亚皮浆”为原料，纸张坚韧有特殊光泽，为浅黄色，面额越大颜色越深，印制水平很难超越。

日元在战后曾极度贬值。1946 年 2 月，日本制订《金融紧急措施》。规定将超额银行券存入银行，限制存款的提取。该措施取得短期效果，但由于日本政府为了促进经济恢复而采取赤字政策，大量发行货币、不加限制得向企业发放贷款人为引发通货膨胀，所以日本的通货膨胀率并没有下降。为了恢复日本经济，美国在日本实行了道奇计划。作为其计划的一部分，1948 年 12 月 10 日美国政府向占领当局提出《日本经济稳定计划》，也就是所谓的经济九项原则。该计划要求实行限制贷款；稳定物价、工资；减少财政赤字。1949 年 4 月，日本开始实行固定汇率制，本来美国方面的计划是将汇率设置在 330 日元兑 1 美元，但考虑到日本可能会出现通货膨胀而最终确定 360∶1 这一数值。1 日元的含金量为 2. 46852 毫克。

随着日本的崛起和经济的复苏，以及日本对美国出口的逐步扩大，美国方面开始感觉到了压力并希望日元升值。美国总统尼克松在 1971 年宣布放弃美元对黄金的固定比价，布雷顿森林体系结束，随即日元开始升值。日本政府为了维持日元汇率，约投入27亿美元，将其升值控制在6%的范围之内。可是日本政府的干预行为却给货币市场日元还会进一步升值的信号。同年12月，发达国家财政部长达成史密森协议，规定日元升值16.88%，新汇率为308:1并可以在5%的范围内上下浮动。其实，史密森协议不过是一种在小范围内变化的固定汇率制，日元升值之后的日本仍然保持着大量的出口额，1972年日本对美国的贸易顺差还是达到了40多亿美元。受第八次美元危机进一步影响，1973年2月日元开始进入第二轮升值，3月时随着各国放弃史密森协议而采用浮动汇率，日元汇率已经达到265日元兑换1美元的水平。但这一价格实际被高估，此后日元开始贬值，到1974年时下跌到300日元兑换1美元。

进入1975年之后，日本对美贸易又开始出现扩张趋势，1977年6月美国财政部长迈克尔·布鲁门塔尔表达了对日元停留在低价位的不满。随后市场预计日元将要上涨，于是大量买入日元，导致日元在1978年达到了170兑1美元左右的高价。这之后，由于第二次石油危机导致石油价格上涨，美国开始出现通货膨胀。当时的美联储主席保罗·沃克采取提升利率、控制货币发行的措施以期降低通货膨胀率。这一行为虽然抑制了通货膨胀，但另一方面也导致美元升值。同时，在贸易顺差中掌握着大量外汇储备的日本企业和金融机构为了追求高利率，纷纷将多余的美元存入美国的银行，因而日本的美元储备大量外流。这两方面的原因造成了日元在 1979 年到 1985 年之间相对于美元贬值。

然而由于美国所采取的紧缩型货币政策，美国的对外贸易逆差仍然在增大，1984 年达到了 1090 亿美元。1985 年 6 月中旬美元又经历了小幅上涨。在美国政府的主持下，日本、联邦德国、英国、美国和法国的财政部长及央行行长于 1985 年 9 月 22 日在美国纽约的广场饭店召开会议，达成了联合干预外汇市场的协议。广场协议主要内容为 5 国集团共同促进美元的贬值。协议签订之后 3 个月，日元便升值 20%，达到 200 日元兑 1 美元的水平，1987 年更是达到 120 日元兑 1 美元。为遏制日元升值带来的负面影响，日本央行将贴现率由 5% 下调至 2.5%。然而受 J 曲线效应的影响，日本对美国的出口不但没有出现预期中的降低，反而有所上升。同时，弱势美元对于美国吸收国外投资不利，因此美国希望阻止美元的进一步贬值。1987 年 2 月美国又号召 7 国财长在法国巴黎卢浮宫召开会议，会议达成了制止美元进一步贬值的谅解。此后日元发生了一定幅度的贬值，日本中央银行因此又多次调整贴现率至6%的水平。广场协议对于日本经济的影响为短期而言日元升值吹大了日元资产价格，股市楼市飞涨最终引发泡沫的大破裂，长期来看日本国内通胀阴魂不散，日本产品出口竞争力不断下降。

进入20世纪90年代后，日本对美国的贸易顺差仍然存在，特别是在高技术产业和汽车工业等方面。克林顿政府通过种种方式干预日元升值。另一方面，美国自身的赤字政策也使得美元发生贬值，国际资本也将手中的美元兑换成坚挺的日元。这一轮升值使得日元在1995年中达到了80日元兑换1美元的高价。应该讲，1993年之后，受美国利益打压，日本经济一直处于通缩状态，日本银行不得已而继续维持低利率政策。1998年后，日元因为亚洲金融危机下跌到145兑换1美元。之后，随着俄罗斯金融危机等原因，日元开始升值，2000年后日元又开始恢复贬值。日本银行老调重弹再度恢复零利率，以期实现刺激经济的目标。虽然在2001年美国经历911事件后美元开始贬值，但是由于日本银行的干预，之后的日元仍然保持着下跌趋势，到2002年底时日元兑美元的汇率约为130比1，之后至2008年前，日元汇率约在1美元兑100至120日元间波动。

2008 年金融海啸后，日元因为避险资金再度进驻强劲升值，2011 年 10 月，日元一度升至 75.57 兑 1 美元，成为二次世界大战战后以来的最高记录。在此后约近一年间，日元仍持续于 1 美元兑 80 元以下的高档震荡。强劲已久的日元直接损害日本出口利益，安倍晋三上任后，采用更激进的货币宽松政策以刺激日本出口产业，半年内日元对美元即贬值达 20%。2015 年 2 月，1 美元约可兑换近 119 日元。日元贬值对于日本而言意义重大，或将缓解长期困扰日本的日元升值难题。

应该讲，日本的经济发展与美国的经济利益布局是搅合在一起的。日元的强弱必然要受到美元利益的打压和掌控。但大多时间里日元的利益与美元的利益更是捆绑在一起的。当然，多年的实战使日元知道在什么时候捕捉战机去到美元区域那里“捞钱”。

14.

英镑的命运如同当今英国

英镑是英国国家货币和货币单位名称。英国虽然是欧盟的成员国，但至今并未加入欧元区。英镑主要由英格兰银行发行。除了英国，英国海外领地的货币也以镑作为单位，与英镑的汇率固定为1:1。由于英国是世界最早实行工业化的国家，曾在国际金融业中占统治地位，英镑曾是国际结算业务中的计价结算使用最广泛的货币。二战以后，英国经济地位不断下降，但由于历史的原因，英国金融业还很发达，英镑在外汇交易结算中还占有相当的地位。

英镑的货币代码写作“GBP”，最常用于表示英镑的符号是“£ ”。由于1英镑最初被定义为1磅重纯银的价值，因而后来逐步转化为英国的重量及货币单位。英镑的货币进制单位是1镑

(Pound) =100 便士 (pence)。D 序列、E 序列再版、F 序列的英镑钞票面额有 5 镑、10 镑、20 镑、50 镑四种。

英镑钞票的正面图案均是英国女王伊丽莎白二世的肖像。但其背面的图案有所不同。D 序列英镑钞票背面分别是：1 镑面值背面图案是物理学家艾萨克·牛顿的肖像，5 镑面值背面图案是军事家、新西兰总督威灵顿公爵的肖像，10 镑面值背面图案是护理学先驱弗洛伦斯·南丁格尔的肖像，20 镑面值背面图案是位于西敏寺诗人角的威廉·莎士比亚雕像，50 镑面值背面图案是建筑家克里斯托弗·雷恩的肖像。E 序列再版英镑钞票背面分别是：5 镑面值背面图案是慈善家伊丽莎白·弗雷的肖像，10 镑面值背面图案是进化论奠基人查尔斯·达尔文的肖像，20 镑面值背面图案是作曲家爱德华·埃尔加的肖像。F 序列英镑钞票背面分别是：20 镑面值背面图案是现代经济学之父亚当·斯密，50 镑面值背后图案是工业革命代表人物制造商、工程师马修·博尔顿与发明家、工程师詹姆斯·瓦特。

新版英镑硬币 2008 年开始发行，1 便士、2 便士、5 便士、10 便士、20 便士和 50 便士都附有英国国徽盾牌徽章的一部分，可以把币拼起来组成完整图案，唯独 1 英镑附有完整的盾牌徽章。每款硬币另一面都是传统的英女王头像。

英镑纸质坚韧、挺度和耐磨力好，长期流通纤维不松散、不起毛、不断裂，在紫外线下无荧光反应。英镑 4 种面额纸币的中下部位置都有与每一票面正面主景图案相同的英国女王伊丽莎白二世的侧面肖像的黑水印图案，从正面看正好与右侧的女王肖像相对。透光观察，这些水印图案清晰可见。英镑纸币使用半植半露式（亦称开窗式）安全线，从一面看安全线全部埋于纸张中不外露，而另一面部分埋在纸张内部分露出纸面。

英镑 4 种面额纸币正面英国女王伊丽莎白二世肖像和安全线均为磁性油墨印刷，当其通过磁性检测仪时有磁性反应。5 英镑、10 英镑和 20 英镑 3 种面额纸币的正面均有用荧光油墨印刷的图案文字。在紫外线的照射下，可看到有与面额相应的阿拉伯数字发出红色和绿色的荧光。

英镑纸钞在印制中，使用了平版、凸版和凹版 3 种印版。英镑纸币正面浅色图案、文字及英国女王的王徽，背面的背景图案、文字、线条等全部内容皆为平版印刷而成。英镑纸币的号码都印刷在纸币的正面，位于左上角和右侧边缘两个部位并采用凸版印制。英镑纸币的号码采用的排列方式为横印和竖印两种。左上角的号码为横印，从左到右排列；右侧边缘的号码为竖印，从上到下排列。5 英镑、10 英镑、20 英镑纸币的横印号码前 2 位为大写英文字母，后 8 位为阿拉伯数字，共计 10 位，且前 2 位大写英文字母和前 2 位阿拉伯数字与后 6 位阿拉伯数字有半个字符的间隔；50 英镑的横印号码前 1 位为大写英文字母，后 8 位为阿拉伯数字，共计 9 位，前 1 位大写英文字母和前 2 位阿拉伯数字与后 6 位阿拉伯数字有半个字符的间隔，且呈两头大中间小的倒纺锤形。英镑纸币右侧边缘的竖印号码均为蓝色，左上角的横印号码均为彩虹印刷，且颜色不尽相同。5 英镑的横印号码从左侧的褐色逐渐过渡到右侧的绿色，10 英镑的横印号码从左侧的绿色逐渐过渡到右侧的褐色，20 英镑的横印号码从左侧的绿色逐渐过渡到右侧的褐色，50 英镑的横印号码从左侧的蓝色逐渐过渡到右侧的褐色。

英镑钞票正面左上角的英镑符号及阿拉伯面额数字，左侧中部的花体银行行名及行名下方的英文，英文大写面额数字及花体英文货币单位，右侧的英国女王伊丽莎白二世的肖像及其下方的装饰花纹、英文面额数字和阿拉伯面额数字，右上角的阿拉伯面额数字等都是采用雕刻凹版印刷的，这些图案花纹线条精细，人物肖像栩栩如生，摸起来有明显的凹凸感。

英镑纸币采用平版和凹版印刷缩微文字，印刷过程中还使用了激光全息图案印刷。英镑的全息图案为横向放置的类椭圆形，图案中央为黑体的面额数字，与左手持长矛、右手握花束的不列颠女神坐像套叠，坐像有光芒环绕，光芒的外层有镂空的树叶环绕，树叶与面额数字组成的背景套叠。

英国发行的 E 系列新版英镑印刷时都采用了接线印刷这一技术。每一块印版均与其他印版相衔接，构成一个统一的整体，所以每张英镑纸币边缘处的图案、纹线连贯不间断，且颜色较为浅淡，一般不易被人发现，具有较好的防伪价值。英镑的正面中上部有一条波浪状装饰线，中间有用平版彩虹印刷的缩微文字；在正、背面的椭圆形水印图案的外边框有用彩虹印刷的版权标识。

英镑主要由成立于 1694 年的英格兰银行（Bank of England）发行。到 20 世纪初叶，英镑一直是资本主义世界最重要的国际支付手段和储备货币，第一次世界大战后，英镑的国际储备货币地位趋于衰落，逐渐被美元所取代。第二次世界大战爆发时期，英国实行严格的外汇管制，将英镑汇率固定在 1 英镑兑换 4.03 美元的水平上。1947 年 7 月，英国宣布英镑实行自由兑换，由于外汇储备迅速流失，于同年8月份又恢复外汇管制。1949年9月，英国宣布英镑贬值30.5%，将英镑兑美元汇价贬到2.80美元，1967年11月，英镑再次贬值，兑美元汇价降至2.40美元，英镑含金量也降为2.13281克。1971年8月美元实行浮动汇率后，英镑开始以不变的含金量为基础确定对美元的比价。同年12月美元正式贬值后，英镑兑换美元的新的官方汇率升值为1英镑兑换2.6057美元。实际汇率可在1英镑兑换2.5471美元至2.6643美元的限度内浮动，波幅为4.5%左右。1973年3月，西欧八国组成联合浮动集团，但英国未参加，英镑仍继续单独浮动。次年1月，英镑实行有管理的浮动汇率机制。同年，英镑区缩小到仅包括英国、爱尔兰、开曼群岛和海峡群岛。1990年10月，英镑加入欧洲货币体系，其对货币体系内各种货币汇率的波动幅度为6%。1992年9月，英国宣布英镑暂时脱离欧洲货币体系。

历史上，英镑一直是最有价值的基础外汇品种。英镑居全球外汇储备的第三位，在美元和欧元之后。英镑还是第四大外汇交易币种，在美元、欧元和日元之后。虽然英镑和欧元没有固定汇率，但是，英镑和欧元之间经常存在长期的同步走势，虽然2006年中期以来这种趋势已经减弱。对通胀的担心导致英国央行自2006年下半年和2007年早些时候调整利率，英镑兑欧元也达到2003年1月以来最高价格。2007年4月，英镑兑美元创26年新高，突破2美元的水平，这是自1992年以来的第一次。

英国的经济发展一直是磕磕绊绊，逐渐衰落的制造业缺乏国际市场竞争实力。英国经济的增长步伐在2014年底放缓，但在2015年初又显现出抬头迹象。然而，长期前景并不明朗，更多数据显示，英国经济对消费的依赖令人担忧，企业投资跌幅创下2009年以来新高。而企业投资减少是企业对长期前景日益担忧的信号，对经济在未来数年持续稳定增长的能力有了质疑。企业投资必须增长才能使经济上扬趋势真正具有可持续性。目前，增长前景似乎在很大程度上依靠那些受益于低通胀和加薪的家庭，但加薪远远无法得到保证。英国国家统计局的最新数据显示，英国GDP在2014年第四季度增长0.5%，创下年中最低增速，低于2014年第三季度的0.7%，原因主要是企业投资的下滑。家庭支出在2014年第四季度增长0.5%，但企业投资下滑1.4%，创下2009年第二季度以来的最大跌幅，而2014年第三季度也下滑了1.2%。英国经济的增长动力在很大程度上来自于国内服务业，而制造业增速远远落后。服务型公司获得了 2007 年以来最强劲的同比增速，在去年第四季度增长 0.8%，而制造业仅勉强增长了 0.2%。竞争乏力是英国经济发展的“软肋”。据报道，能源业产出萎缩，建筑业产出下滑了 2.1% 显得过于疲软。英国经济减速反映在企业表现中，尤其是股息支付的增长放缓迹象。英国像个步履蹒跚的老者在跌跌撞撞的前行，英镑更是如此。

15. 瑞士法郎的避险功能如同黄金

瑞士法郎（Swiss Franc）是瑞士和列支敦士登的法定货币，由瑞士中央银行发行，属于硬通货。瑞士法郎的货币代码写作“CHF”，其货币符号用“CHF”表示。瑞士法郎的货币进制单位是：1法郎=100生丁。

自1907年以来，瑞士国家银行先后发行七版钞票，这些钞票由于流通时间过长而出现了假钞的问题。所以截至1980年已先后停止流通，有的已失去法定价值。已停止流通的各种钞票，瑞士国家银行规定自停止流通日期起，20年内仍接受兑换流通中的货币，超过20年即失去法定价值。因此，遇有1980年及以后日期停止流通的钞票，可按托收方式办理。瑞士国家银行从1995年开始发行了新钞系列票。目前已经发行了货币面值为200、

50、20 和 10 瑞士法郎。

瑞士居住的居民，法语、德语、意大利语三种语言。为了不引起纷争，同时又一目了然，瑞士在国际上缩写的字母是瑞士的古代名称“海尔维希亚”，而不是瑞士官方的任何一种语言。1848 年瑞士联邦成立的时候是叫做海尔维第联邦 Confederation Helvetica，在国际上通常缩写为“CH”。瑞士法郎的符号是瑞士国家的缩写字母“CH”再加上法郎的缩写“F”，即“CHF”。

目前，瑞士银行发行的是第七套纸币，面额为 10 法郎，20 法郎，50 法郎，100 法郎，200 法郎和 1000 法郎。第六套钞票不可再流通，但在 2020 年前还可以通过瑞士国家银行进行兑换。瑞士纸币有众多的防拷贝技术的特点，是极其困难甚至可能是无法仿制的。

在 2005 年 11 月份举行的瑞士新版系列纸钞设计比赛中，Manuela Pfrunder 的设计名列第二，而 Manuela Pfrunder 的修改特别适合新版系列纸钞。2007 年 2 月 23 日，瑞士国家银行理事会举行了一个专门会议，就瑞士新版纸钞方案进行研究。会议决定按照金融管理当局的推荐，对瑞士女设计师 Manuela Pfrunder 的设计作品作进一步的完善。并在 2008 年年中，至少有一种面额的纸钞可以具备生产条件。

自1880年以来，硬币大多数的设计没有改变，除了金属成分。硬币的面值有1生丁、5生丁、10生丁、20生丁、50生丁和1法郎、2法郎、5法郎。1生丁的硬币实际上已经不再使用。现在面值5生丁的硬币成为瑞士法郎中最小的货币单位。

1848年瑞士宪法赋予联邦政府发行货币的职责，在那之前，瑞士境内流通各种国内外铸币，每个州都有发行自己的货币并拥有自己的货币制度。瑞士法郎在被确立为国家货币时虽然联邦是法郎的唯一发行者，但是1910年之前，私人的银行被允许发行他们自己的钞票。1907年瑞士国家银行建立，并从1910年起一直是瑞士唯一的钞票和硬币发行机构。瑞士法郎出现后，瑞士货币制度发生了多次变革。1860年实行金银复本位制；1880年禁止私人自由铸造银币，从而使白银在瑞士失去了货币的作用；1931年6月3日，瑞士实行新铸币法，规定新铸币脱离白银，改与黄金挂钩；1936年，在世界各国纷纷放弃金本位制的形势下，瑞士法郎被迫宣告贬值，并放弃金本位制。1936年10月，瑞士国家银行确定瑞士法郎对美元的比价为4.37282瑞士法郎兑1美元。

1952年12月，瑞士确定其法郎含金量为

0.2032258 克，并重新确定对美元的官方价率为 4.37282。此后十余年，瑞士法郎对美元的汇率基本上维持这一水平。70 年代，美元危机日益严重，国际金融市场出现抢购德国马克和瑞士法郎的风潮，从而使瑞士法郎汇价不断上升。

1971 年 5 月，瑞士法郎升值 7.07%，含金量提高到 0.2175926 克，对美元的官方汇价为 4.0841，同年 12 月 18 日美元贬值 7.89%，瑞士法郎对美元官价调整为 3.84 法郎兑 1 美元。为了阻止美元游资大量流入瑞士，1973 年 1 月 23 日，瑞士国家银行宣布停止按官价上下限买卖美元，实行全面的浮动汇率。

同年 3 月 19 日，西欧 7 种货币实行联合浮动，而瑞士法郎仍单独浮动，且汇价不断上涨。到 20 世纪 80 年代初才有所回落。在瑞士的国际收支持续顺差，黄金外汇储备不断增长情况下，瑞士法郎信誉日益提高，在国际金融市场上地位逐渐加强，成为主要国际储备货币之一。瑞士法郎之所以能长期坚挺，还因为瑞士一向保持中立，国内政治和经济局势稳定，极少受到战争的影响。此外，瑞士对外国人在境内存款采取严格保密措施，使瑞士成为国际游资的“庇护所”，有利于吸引大量外国资金，加强瑞士法郎的地位。

瑞士法郎一直是最稳定的货币，并在相当长的时间内被视为优先考虑的避险工具，储备瑞士法郎与储备黄金几乎有同样的功效。瑞士几乎总是零通胀的国家，并且货币依托有40%的黄金储备。

瑞士法郎的印刷有其独到之处，即用瓦楞线组成的人像是用深凹版印刷，形成一个细微的波纹水平线网，纬线厚度和高度变化使肖像显出明亮区和阴暗区，垂直观察可见印刷的线条和分隔它们的空间，肖像显示正常形象，倾斜观察，高的线条遮住了白的空档，阴暗区变得密集，肖像变为深色，四根白色防伪线条清楚的显现出来。钞票的中部使用了兰色荧光油墨；地印图案巧妙的隐藏在花饰图案中。新系列瑞士法郎纸币用色明快，设计与印工皆精。在版式和防伪技术上都有很大的改变，将横版改为竖版，正面左侧由字母“A－H”划分域均有一项防伪措施：水印为正面人像；安全线是开窗式；钞票的上方有“十”字形对印；正面中间有动态全息标，全息标内有面额数字；正面中间的几何图形内有缩印文字；紫光灯下有荧光纤维丝和面额数字，正面人像的一半有反光。

10瑞郎纸币正面图案为瑞士出生的建筑家勒·柯布西耶的肖像；20瑞郎纸币正面图案为音乐家阿瑟·奥涅格的肖像；50瑞郎纸币正面图案

为舞蹈家苏菲·托伊伯的肖像；100 瑞郎纸币正面图案为雕塑家阿尔贝托·贾科梅蒂的肖像；200 瑞郎纸币正面图案为诗人查理斯·菲迪南德·拉缪兹的肖像；1000 瑞郎纸币正面图案为文化艺术家雅各·布克哈特的肖像。

钞票的中部使用了蓝色荧光油墨；地印图案巧妙的隐藏在花饰图案中。用轻微反光彩色油墨印制的磁性数字，用专业仪器即可识别。水印数字，荧光透视可看见面额数字。凹印金额数字，激光微孔金额数字，荧光透视或变换角度观察，可发现由很多细微的小孔组成的面额数字的图案。凹印隐形金额数字，用横线条组成了面额数字，当变换角度观察时即可发现。用光变油墨印制的面额数字，当变换角度观察时，该数字由紫色变为绿色。在紫光灯下底纹有黄色荧光反应。在对应的人像右侧有一个用荧光油墨印制的面额数字。用金属油墨印刷的微型文字“ snb bns ”所组成的面额数字，在光线下反射出银光。

100
07L0043872
Tschient Francs
SCHWEIZERISCHE NATIONALBANK
BANCA NAZIUNALA SVIZRA
200
BANQUE NATIONALE SUISSE
BANCA NAZIONALE SVIZZERA
Deux Cents Francs
Duecento Franchi
100
BANQUE NATIONALE SUISSE
BANCA NAZIONALE SVIZZERA
Cent Francs
Cento Franchi
20
SCHWEIZERISCHE NATIONALBANK
BANCA NAZIUNALA SVIZRA
Zwanzig Franken
Ventg Francs

16. 澳元并非只在澳大利亚流通

澳大利亚元是澳大利亚联邦的法定货币，由澳大利亚储备银行负责发行，简称澳元。需要说明的是，澳元流通于澳大利亚、基里巴斯、瑙鲁、图瓦卢、圣诞岛、科科斯（基林）群岛、诺福克岛等国家和地区。换句话说，澳元并非只有澳大利亚国家使用，南太平洋周边的岛国大都同样使用澳元。

澳大利亚元的货币代码写作“AUD”，其货币符号写作“$”或“A$”。澳大利亚元在外汇市场上的交易量位居世界第五位置，居美元、欧元、日圆、英镑之后，占总交易量的6%。澳大利亚元的货币进制单位是1澳元 = 100分，分的写法是“cent”或“c”。

1966年2月，澳大利亚发行现行流通的货币澳大利亚元，取代以前流通的澳大利亚镑，并规定

1 澳元等于 1.12 美元，可兑换 0.5 英镑。1971 年 8 月美元实行浮动汇率后，澳元于当月开始与英镑挂钩。12 月美元贬值，澳大利亚宣布澳元的含金量不变，对美元的官方汇价上升为 1.216 美元，且波幅为 2.25%。1972 年 6 月，随着英镑区的解体，澳元享受的优惠也就宣告结束。1966 年澳大利亚推行十进制之时，货币亦同时改作十进制。新澳大利亚元的币值等同于旧澳大利亚镑的半镑。每一元等于 100 分。1966 年，1 元，2 元，10 元，20 元纸币纷纷引入流通，5 元纸币于 1967 年引入市场流动，1973 年 50 元纸币被引入。1984 年 1 元纸币被 1 元硬币所取代，同时 100 元纸币被引入市场流通，1988 年 2 元纸币被 2 元硬币所取代。

1974 年 9 月，澳大利亚重新实施有效汇率制，且澳元不再钉住美元，改为澳大利亚主要贸易伙伴国 20 种货币一揽子加权货币联系，并实行管理浮动汇率制度。1976 年 11 月，澳元有效汇率贬值 17.5%。

1983 年 12 月，澳大利亚取消了澳元盯住一揽子贸易加权货币的有效管理浮动汇率，而实行自由浮动，澳大利亚也因此取消所有外汇管制。现澳大利亚元已成为国际金融市场重要的硬通货和投资工具之一。

澳大利亚元在近几十年的流通中，在 2010 年

12 月和美元的比值达到了历史最高，外汇比价以每 100 澳元可以兑换 102.56 美元。当然，澳大利亚元也有其低谷期，在 2001 年 4 月，外汇比值为每 100 澳元可以换取 47.75 元美元。2008 年升至 1 澳元兑换 96 美分，在 2008 年年底达到了历史新高，每 1 澳元兑换 98.49 美分。虽然澳元虽然在此之后有显著回落，但在 2009 年逐渐恢复了其价值。于 2009 年又达到了 1 澳元兑换 94 美分的高点。

现流通的澳元钞票面额有 5 元、10 元、20 元、50 元、100 元面额，另有 5 分、10 分、20 分、50 分和 1 澳元、2 澳元面值的硬币。由于新西兰的 5 分、10 分、20 分、1 元的硬币和澳大利亚的硬币大小和形状非常相似，往往被误作为澳大利亚硬币使用。

澳大利亚塑料钞票是以聚酯材料代替纸张，耐磨，不易折断，不怕揉洗，使用周期长而且手感强烈，具有良好的防伪特性。澳大利亚是世界上第一个拥有一整套塑料流通钞的国家。面值 5 元的澳大利亚元钞票正面图案是英国女王伊丽莎白二世的肖像，左边是桉树，背面图案是澳大利亚国会山及国会山规划设计图；面值 10 元的澳大利亚元钞票正面图案是澳大利亚诗人班卓·帕特森的肖像，背景图案是帕特森作品中描述的景象，在右边面额数字“10”和透明窗之间是帕特森的签名，10 元的澳大利亚元钞票背面是澳大利亚诗人玛丽·吉尔摩女爵的肖像，背景是吉尔摩女爵的作品中描述的场景，在面额数字“10”和系列号之间是吉尔摩的签名；面值20元的澳大利亚元钞票正面图案是澳大利亚女企业家莱蓓。背景中的帆船是莱蓓经营的“水星号”，透明视窗中的图案是与航海息息相关的指南针图案。在面额数字“20”和透明视窗之间，是莱蓓的签名，20元的澳大利亚元钞票背面是澳大利亚皇家飞行医生服务创始人弗林牧师的肖像，背景中的飞机是用于飞行急救的维多利亚号急救飞机，在飞机的上方是弗林的手写签名；面值50元的澳大利亚元钞票正面图案是澳大利亚土著作家、发明家戴维·乌奈庞的肖像，右上方是他获得的剪羊毛工具发明专利。右下方是他的作品手迹，50元的澳大利亚元钞票背面是澳大利亚第一位女议员艾蒂丝·科恩的肖像，左边是西澳州首府佩斯市议会大厦，右方是科恩为了争取妇女和儿童的权益在演讲；面值100元的澳大利亚元钞票正面图案是澳大利亚女高音歌唱家梅尔巴的肖像，背景是悉尼女王剧院，左边是梅尔巴的签名，100元的澳大利亚元钞票背面图案是澳大利亚杰出的军事将领莫纳什爵士，右侧是在一战中，攻打德军的兴登堡防线中的炮兵与骑兵。

澳大利亚硬币的正面为英国女王伊丽莎白二世头像。只有澳大利亚两元硬币的图案是一位土著老人，南十字星座和一种土著澳洲特有的植物澳洲香树；澳大利亚一元硬币的图案是澳大利亚的象征，袋鼠，而且是五只袋鼠。

进入 2015 年 1 月，澳元并未像南半球的气温那样高涨，相反，澳元“跌跌不休”接连失守重要关口，屡次刷新五年半以来的低点。目前，澳大利亚经济因铁矿石价格下跌等因素而逐步放缓，使得澳元失去了根本性支撑，澳元汇率已经从 2014 年开始走软，2015 年 1 月澳元震荡开始加剧。一是市场对欧洲央行推出刺激政策的预期不断发酵，欧元大跌，刷新 2011 年的低点。欧元的暴跌推高了美元指数，而与美元挂钩的大宗商品价格，如原油、铁矿石等，则持续走软，这给依赖资源的国家造成通货紧缩的风险，不利于经济增长。在此情况下，澳元不断承压，连连下行在所难免。二是美国经济增长势头迅猛，表现抢眼的美国经济带来了强势美元的回归，令澳元直接受到压制。美国经济在发达国家中“一枝独秀”，使得发达国家货币政策更加泾渭分明。除了美联储收紧货币政策外，其他主要发达国家为提振经济而继续实施宽松的政策，仅在 1 月份，全球金融市场接连迎来加拿大央行降息、欧洲央行扩大资产购买规模、丹麦一周两次降息、新加坡央行降息。

随着这一波宽松浪潮的袭来，加之澳大利亚通胀率创两年半低点，澳国内对澳央行降息的预期不断增强，给澳元下挫又增添一压力源。尤其是2014年第四季度澳大利亚贸易条件进一步下降，更是加大了市场对澳大利亚央行将利率立场向宽松方向调整的预期。除了不断恶化的贸易条件外，经济学家普遍认为流向澳大利亚采矿业的投资将逐步减少，市场对澳元需求降低，澳元将继续下行。

17. 新加坡元怎样使

新加坡元是新加坡的法定货币，由新加坡金融管理局发行。新加坡元的货币符号写作“SGD”，其货币代码是“S $”。新加坡元的货币进制单位是 1 元 = 10 角或 1 元 = 100 分。

新加坡独立后仍使用马来亚与英属婆罗洲元。1967 年，英镑贬值，原“马来亚与英属婆罗洲货币委员会”停止发行马来亚与英属婆罗洲元，新加坡于同一年开始发行新加坡元。由于英镑区协议的存在，新加坡元与英镑挂钩，当时新加坡元兑英镑的汇率是 60 新加坡元兑换 7 英镑。后来，新加坡元曾短暂与美元挂钩，并开始与各国有了贸易来往。

1967 年 6 月新加坡签署“货币等值流通协议”，文莱币和新币可以在两国等值通用。所有新加坡银行都必须接受客户存入的文莱纸币和硬币。任何收到文莱币的公众都可以把它拿到银行，并以同新币同等的价值存入银行户头。

1973 至 1985 年，新加坡元开始以一篮子货币作为货币的汇率变动依据，1985 年以后，新加坡元采用浮动汇率制度。新加坡金融局有时会对货币进行控制以稳定国内经济。新加坡元的发行机构于 2002 年 10 月 1 日开始改由新加坡金融管理局发行。

新加坡元可分为纸币和硬币，近期也开始发行塑胶钞票。目前在新加坡流通的钞票有：10000 元、1000 元、100 元、50 元、10 元、5 元、2 元面额的钞票；硬币则有 1 元，50 分（5 角）、20 分（2 角）、10 分（1 角）、5 分与 1 分硬币。1 分与 5 分硬币虽然还能使用，不过新加坡政府已经停止了发行。政府对停止发行的理由是市场已经有足够的硬币可以使用。

现时流通的钞票，以该国首任总统尤索夫肖像为票面主要图案；现今普遍流通的硬币，正面图案为新加坡国徽及 4 种意思为“新加坡”的不同文字。

新加坡经常被称作亚洲的瑞士。新加坡元极其稳定。不仅在过去十年，甚至在过去二十年，新加坡元对美元的升值速度超过了日本以外的所有亚洲国家的货币。新加坡元是从亚洲金融危机中得以恢复的货币之一。部分原因在于新加坡的经常账户盈余为亚洲最高，使得新加坡元在资金流动不稳定的环境下可以得到强有力的缓冲。

新加坡元已经成为外国投资者首选的货币之一。与此同时，新加坡也凭借其在亚洲地区非常成功的货币制度赢得了赞誉。除新加坡和中国香港之外，大多数亚洲地区的中央银行会在他们认为必要时通过控制利率和干预汇率来管理货币政策。这些干预的最终结果是导致热钱流入，然后他们会通过预扣税应对。对于许多长期投资者而言，增税带来不确定性也是撤资的一个充分理由。与其他亚洲国家的央行不同的是，新加坡金融管理局主要通过汇率来引导其货币政策。此外，新加坡并不强加资本限制，从而放弃对利率的控制。从这个角度来说，新加坡货币政策的透明度和可预测性赢得了国际投资者的青睐。新加坡元的另一个优势是中央银行设立了一个明确目标，即逐步谨慎地使新加坡元升值以对抗输入型通货膨胀，从而稳定国内物价。在过去的十年里，除了发生过几次严重的金融危机外，新加坡金融管理局已经成功实现了新加坡元对贸易加权一篮子货币的升值，这些货币包括新加坡最大贸易伙伴的货币，如美元、欧元、人民币和马来西亚林吉特。此外，新加坡金融管理局通过将新加坡元名义上的有效汇率波动值控制在一个波段之内，来避免过度、无序的汇率波动。经济学家估计，新加坡金融管理局正在引导实现每年2.5%的名义升值率，波动幅度控制在中间值±2%的范围之内。一些投资者对新加坡能否保持其出口竞争力产生怀疑，因而对新加坡元名义有效汇率持续升值百思不得其解。事实上，新加坡的出口竞争力正是得益于新加坡金融管理局长期控制通货膨胀率，进而与来自通货膨胀率更高、生产成本更大的经济体的产品相比具备了出口优势。结果表明，为控制通货膨胀而调整的贸易加权汇率——新加坡元实质有效汇率，自20世纪70年代以来一直保持稳定，有助于新加坡保持其出口竞争优势，尽管新加坡元名义汇率有所上涨。

目前，去东南亚旅游观光是大多数中国公民的选择，是旅游热线。但是这些国家的货币毕竟不像美元和欧元哪样属于硬通货。在哪里换和换多少还需要仔细打算。到新加坡、马来西亚、印度尼西亚旅游的国内居民切记记住，不要小看新加坡元、马来西亚林吉特、印度尼西亚卢比。在哪个国家，哪个国家的货币就是最值钱。也就是说在国内用人民

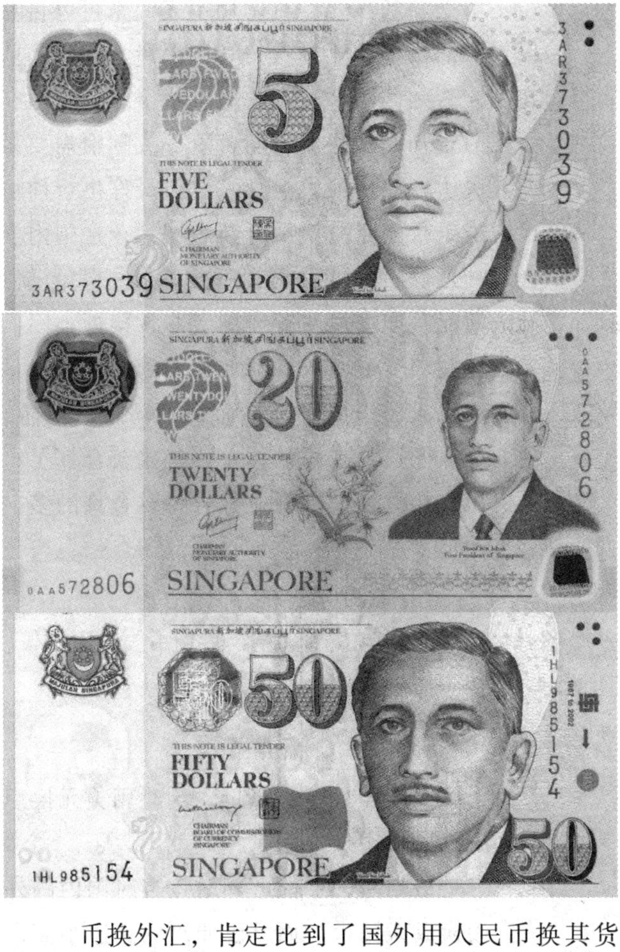

币换外汇，肯定比到了国外用人民币换其货币合适。国内银行目前在上述三个币种中可以兑换的外

币主要是新加坡元，所以用不完回来可以再兑回人民币。而马来西亚林吉特和印尼卢比在回国前必须花完，否则回国那只有收藏价值了。通常出行前旅行社只告知要换些美元储备着，或嘱咐需要带美元或人民币到相应国家去换汇，但最好出行前可以先在国内银行网点兑换部分新加坡元，在国内换汇更合适。建议新加坡元可以适当多换一些。新加坡、马来西亚、印度尼西亚地理上非常接近，因而在马来西亚和印度尼西亚，新加坡元的认知度还是比较高的，比人民币要坚挺。而到了马来西亚游玩时，用新加坡元换马来西亚林吉特就比较合算了，比用人民币直接兑换马来西亚林吉特要合算的多。

人民币在印尼不够坚挺，这时用美元换卢比再折算成人民币跟外汇牌价相差就不大了。当然能刷银联卡是最划算的，能够即时按当时国内的外汇牌价直接换成人民币。而且巴厘岛的路边小商户大部分都是可以直接收美元的。

18. 港币到底值不值钱

港币或称港元，是香港的法定流通货币。港币纸币由香港金融管理局及其监管下的三家发钞行渣打银行（香港）有限公司、香港汇丰银行有限公司、中国银行（香港）有限公司自行发行。硬币则由金融管理局负责发行。港币的货币代码写作“HKD”，其货币符号是“HK $”。港币的货币进制单位是 1 元 = 100 分。

港币是体系健全、币值稳定的货币之一。虽然港币发行历史不算长，区域也不大，但其发展具有一定的代表性。自 1983 年起，香港建立了港币发行与美元挂钩的联系汇率制度。发钞银行在发行任何数量的港币时，必须按 7.80 港币兑 1 美元的兑换汇率向金管局交出美元，记入外汇基金账目，领取了负债证明书后才可印钞。这样，外汇基金所持的美元就为港币纸币的稳定提供支持。

值得注意的是，香港所有钞票的式样都有版权。所以，任何人在未有得到版权持有人的许可前，都不能任意复制钞票的式样。在香港多年来有几家机构因为未得钞票版权持有银行的批准而在广告上运用，结果被判支付巨额罚款。

在香港地区发行钞票的三家银行对老版钞票一般不宣布停止流通，而是回笼后不再投放，使其逐步退出流通。自 1993 年起，汇丰银行和渣打银行发行的新版钞票将代有殖民地色彩的图案均由狮头和紫荆花图案所代替。旧版钞票仍可使用，但将会逐渐退出流通领域。

据考，香港是最先把通货称为“圆”的地方。香港成为英国殖民地之初曾采用英国的货币，但当时与中国大陆的贸易主要以银作为结算，因而各国的银圆都在香港自由通行。后来，政府为更有效管控通货，而采用了银圆为基本通货单位，而银圆一词亦由原先的形容词变成量词。1863 年开始，香港实行官铸货币制度。当时香港生产的一圆银币都会印上“香港壹圆”四字，香港通货的名称由此传至中国大陆、日本乃至韩国，并成为各地通货的单位名称。

香港政府在 1935 年 11 月通过货币条例，公布以港币作为香港货币单位，并将港币与英镑汇率定为16港币兑1英镑。1937年8月，终止了各种银元的流通，正式以港币作为法定货币。港币最初与英镑挂钩，但是战后英国的经济实力减弱，更曾一度大幅贬值，影响香港经济发展。香港政府在1972年6月英镑作自由浮动后，改为将港币与美元挂钩。最初汇率为5.65港币兑1美元。1973年2月改为5.085港币兑1美元。1974年11月起，改作自由浮动。直至1983年，由于香港前途问题引发的信心危机令港币汇价大幅下降，到了同年9月一度下跌至9.6港币兑1美元。同年10月，当时的财政司宣布港币汇价与美元挂钩，定为7.80港币兑1美元，一直维持至今，即所谓联系汇率制度。虽然后来港币汇价与美元可以作有限度的自由浮动，但只要与挂钩汇率差距不大都是允许的，如港币在2003年时曾一度升至7.7094港币兑1美元，但很快又回复至接近正常水平。自2005年5月起，香港金管局收紧汇率控制，限制于7.75—7.85港币兑1美元之间浮动，并把7.75水平名为“强方兑换保证”和7.85水平命名为“弱方兑换保证”，以稳定联系汇率制度。若触及或极接近任一界限，金管局会立即透过行政手段，保持汇率在此范围内。当触及“强方兑换保证”时，金管局便会买入美元而沽出港币；当触及“弱方兑换保证”时，金管局则买入港币而沽出美元。

港币钞票共有5种面额，20元、50元、100元、500元、1000元。具有多项先进的防伪特征，而且统一了有关特征在5种面额钞票上的位置。比较重要的防伪特征有：斜看钞票时，图案由金色变成绿色，并可见一条光纹上下滚动，同时开窗金属线由紫红变绿色，细看可见“H”及“K”字由微缩字母组合而成；高透光水印区由紫荆花、面额数字及网点图案组成；钞票背光时可看见完整的图案，且在紫外光下呈现两种荧光颜色；钞票直排号码在紫外光下呈现荧光红色。新钞票首次加入点字及手感线，方便视障人士辨别钞票面额。港币硬币分别有1元、2元、5元、10元、20元、50元6种面值，正面图案是面值，背面图案是紫荆花。

香港金管局连续四次出手捍卫挂钩美元的联系汇率制度。一个值得注意的现象是，随着大陆经济的迅猛发展，热钱大批涌入香港，押注相关资产升值。热钱涌入最重要的原因是国外的投资者认为，目前以欧洲为主的市场经济前景不好，相对而言，亚洲地区的资产应该是较好的标的。对于投资者来说，以内地为背景的中国香港市场，具有非常大的吸引力，所以热钱涌入的频率在不断加大。此外，近期内地的经济数据较好，市场对以人民币计价的

资产抱有比较乐观的态度，也是热钱大量涌入香港的重要原因。短期内，最直观的影响就是港股持续走高，热钱流入使得整个市场的流动性大幅增加，资金流向股市、楼市和汇市，必然推升这些市场的资产价格。

对于未来香港金管局是否会继续出手干预汇市，这还要看近期国外市场的经济情况能否有所改善，以及各国央行会采取什么动作。不排除香港金管局再次出手干预汇市的可能性。

19. 泰铢你懂得多少

泰铢是泰国官方货币，由泰国银行发行。泰铢的货币代码写作“THB”，其货币符号是“฿”。泰铢的货币进制单位是 1 铢 = 100 萨当（satang）。原本“铢”是重量单位，相当于 15 克，后来索性使用铢为泰国的货币单位名称。

目前流通的泰铢钞票有 20 铢、50 铢、100 铢、500 铢及 1000 铢五种面额；泰铢硬币面值有 1 萨当、5 萨当、10 萨当、25 萨当、50 萨当和 1 铢、2 铢、5 铢、10 铢。

第二次世界大战后直至 1980 年，泰铢与美元挂钩，汇率固定在 1 美元兑换 20 泰铢水平。由于美元持续走强，泰国于 1985 年将泰铢贬值至 25 铢，直至 1997 年 7 月 2 日，亚洲金融危机爆发为止。

1998 年 1 月，泰铢改行浮动汇率，即时贬值一半，兑美元跌至 56 铢。其后回升至 1 美元兑 40 铢。

2006 年底至 2007 年初，受泰国出口产业飞速发展的带动，泰铢经历了一段“疯涨”的历程，至 2007 年 4 月，泰铢对美元的汇率由原先 1 美元兑 39 泰铢变成 1 美元兑 34 泰铢，泰国的旅游业经受了不小的波动。

据泰国《世界日报》2010 年 6 月 17 日报道，泰国中央银行透露，自 2010 年初起，泰铢对美元汇率升值幅度仅为 2.9%，并没有大幅上扬。泰铢币值指数自 2010 年初虽一直波动不平，但升幅不大，仅在 3% 左右。与本地区其他国家的货币比较位于较低水平，马来西亚货币波幅达 5.3%，韩国货币波幅高于新加坡，印度尼西亚货币走势略微高于泰国。

泰铢钞票的正面图案都是泰国国王普密蓬 · 阿杜德的肖像，而背面图案及票面颜色因不同的面值有所不同。20 泰铢背面是拉玛八世的肖像，票面绿色；50 泰铢背面图案是拉玛四世的肖像，票面为蓝色；100 泰铢背面图案是拉玛五世的肖像，票面为红色；500 泰铢面值背面图案是拉玛三世的肖像，票面为紫色；1000 泰铢背面图案同样是泰国国王普密蓬·阿杜德的肖像，票面为灰色。泰铢硬币的正面图案都是泰国国王普密蓬·阿杜德的肖像，背面图案有所不同。

泰铢所采用的钞纸由特殊棉花制成，有着独一无二的手感。其耐磨和抗皱方面都与普通的纸张有着天壤之别。泰铢的水印是通过改变纸张的密度而成，纹路清晰自然。当你手持纸币对着光线时，国王的头像会显现在纸币的右侧。水印有着3D效果且层次分明。肖像水印旁被庄重的点缀着一个小型透明的“Lai Thai”水印。每种面额纸币的左侧都垂直埋入一条金属彩色安全线，当手持纸币对着光线观察时，就会发现安全线的正反面都会呈现出半透明的阿拉伯数字和显示面值的文字。在紫外线灯的照射下，钞纸不会反射紫外线，平时肉眼所不能看到的纤维被分布在纸币的正反面。但在普通的灯光下，这些纤维又都是看不见的。深藏在钞纸里的纤维在紫外线灯照射下会发散出红色、蓝色和黄色的光线。泰铢是凹版印刷，板面产生凹凸感，泰文冠号是钢印上去的，泰文是下凹进去的。泰铢是阿拉伯数字的面值作为拼对图案，正面背面各有图案，在光下观察，正反面印刷的阿拉伯数字100可以重合；正反面印刷的木芙蓉花瓣可以重合，形成一朵完整的木芙蓉；双面印刷的莲花瓣可以重合成一朵完整的莲花。当视线从纸币的左下角延伸至纸币中间部分时，阿拉伯数字潜像就会显现出来；微缩的文字和数字被加入到设计中，通过凹版印刷印制到纸币上。在放大镜下，可以清楚的看到500元面值内充满了微缩的阿拉伯数字500。

由于中国游客是泰国旅游市场最大的消费群体，兑换泰铢非常方便。在泰国的中国人商店和市场都可以用人民币兑换泰铢。街头还有很多私人兑换商店。目前国内可以兑换泰铢的银行还不是很多，国内居民一般可以在中国银行、中国工商银行和中国农业银行的营业网点进行兑换。泰铢属于商业银行外汇业务中的“小币种”，因而有些银行营业网点需要预约后才可以兑换到。

银联卡在泰国绝大部分ATM机都可以提取泰铢现钞，汇率也比较合适，可以参考银联汇率。使用银联卡在泰国ATM机进行提款，泰国的收单行会收取每笔50泰铢的手续费，中国发卡行也会收取部分手续费，也有一部分银行在促销期免收境外取现手续费。出国之前最好到开卡行进行相关业务的咨询。在泰国曼谷、普吉岛、芭提雅许多商店POS机可以使用银联信用卡刷卡消费，信用卡受信用额度限制，可能产生超出信用额度导致的高额费用，建议大额消费时严格控制在信用卡的额度范围之内。

在泰国直接以人民币兑换泰铢，这种方法最不推荐，因为汇率比以上几种途径都低。

20. 韩元的故事

韩元又称作韩币，是韩国的官方流通货币。由韩国央行韩国银行发行。韩元的国际通用货币代码写作“KER”，其货币符号是“₩”。

韩元有纸币和硬币两种。纸币有1000韩元、5000韩元、10000韩元、50000韩元四种，易于根据纸币上面印的历史人物和颜色加以分辨。韩国硬币总共有1韩元、5韩元、10韩元、50韩元、100韩元、500韩元六个币值。现流通的硬币有10韩元、50韩元、100韩元、500韩元四种。由于韩元汇率较高，因而1元和5元硬币于2001年2月起停止流通。2009年6月23日韩国央行韩国银行发行面额为5万韩元的钞票，这是该国迄今为止发行的面额最大的钞票。

韩元币值是参考日元来确定的。后来经过近

60年的韩国经济腾飞，韩国经济繁荣造就了今天韩元币值过高，不过对货币的流通没太大影响。2009年还根据市场需要发行了5万元面额的韩元。“不值钱”的说法并不科学，只能说是货币面额设置较高的问题。

日元或者韩元最小单位都是“元”。在他们货币面值中没有人民币或者港币的“角”或“分”值面额。韩元的100元面值，曾经和1元人民币差不多。这样算来，韩元币值也不是很低。如今韩元贬值了，大概相当于人民币面值的5角左右。

在韩国，如果用人民币兑换韩元，实际上银行的操作是将人民币换成美元后再换成韩元，这样消费者必须支付两次汇差。

如今国内的银行都已经正式开办韩元现钞双向兑换业务，人民币外汇牌价的外币栏中韩元也正式加入了。中国银行是境内首家获准开办韩元现钞双向兑换业务的银行。1000韩元大概可折合人民币5.8元。开通韩元现钞双向兑换业务后，中国银行将向居民、非居民个人提供以韩元现钞兑换人民币现钞的服务。兑换时，需要提供本人有效身份证。但是，只向非居民个人提供以人民币现钞回兑韩元现钞的服务。而且，境内银行也暂时不能提供韩元购汇业务。个人因私、出差或者去韩国旅游，可以先在境内银行网点用人民币购汇美元，然后再兑换成韩元使用。虽然1000韩元兑换汇率大约6元多人民币，但是在韩国本土，1000韩元最多只能买两个普通雪糕或者买一瓶矿泉水而已。到韩国旅游购物的朋友请事前要有思想准备。

面值1000韩元退溪李滉新版2007年发行。退

溪李滉（1501—1570年）。朝鲜李朝孔儒学家。朝鲜李朝唯心主义哲学家，朝鲜朱子学的主要代表人物。初名瑞鸿，字景浩、季浩，号退溪、陶翁、退陶。朝鲜安东府礼安县温溪人。历任礼曹判书、艺文馆检阅、公州判官、丹阳郡守、大司成、大提学等官职。由于目睹历次“士祸”给士林带来的灾难，他曾多次以体弱年老为借口，向国王上书请求退职。晚年定居故乡，在退溪建立书院，从事教育和著书事业。著有《退溪集》、《朱子书节要》、《启蒙传疑》、《心经释录》、《天贫图说》、《四端七情论》。在哲学上，李滉既反对以徐敬德为代表的唯物主义，又排斥佛教和王阳明的主观唯心主义，崇信朱熹的客观唯心主义。认为人们虽然具有“气质”之差距，但经过个人的不断读书和修养，差距可以缩小。读书、修养的目的就是革尽“人欲”，复尽“天理”。李滉的“理欲”观反映了当时李朝封建当权者的思想和利益。李滉的哲学思想在朝鲜哲学史上具有深刻的影响。

面值5000韩元栗谷李珥新版2006年发行。栗谷李珥（1536—1584年）创立了朝鲜人的诚哲学，属于人性理论哲学。他的哲学思想总体上未超出儒学经典的框架，但包涵了丰富的实学思想：反对俗家文与道脱离；反对假儒的“空言无实”，强调直

践力行的实证、实用为特征的实事求是；民本的民主思想；强调民族的自主精神；贯穿着社会改革思想；哲学上的气一元论。栗谷因此而被认为是朝鲜实学理论的奠基人。实学思想其后又有李睟光的“实心、实政、实功”及“民者君之天”；柳馨远的“法久则弊生”；洪大容的“正心诚意”；丁若镛的“牧为民”等思想，形成了一定影响。

面值10000韩元世宗大王新版2007年发行。世宗大王（1397—1450年）全称“英文睿武仁圣明孝大王”，姓李名祹，字元正，继位前被封为忠宁大君，是李氏朝鲜第4代国王（在位：1418—1450年）。由于他对国家所作出的巨大贡献，所以后世史学家通常都尊称他为世宗大王。其在位期间，召集郑麟趾、成三问、申叔舟、朴彭年、崔恒、李善老、李垲等著名学者，创立了韩文字母（Hangul，原先朝鲜使用汉语文），并于公元1446

年颁布《训民正音》，在全国推广。世宗去世后，明朝赐谥其为“庄宪”（严敬临民曰庄；行善可纪曰宪）。

面值50000韩元申师任堂新版2009年发行。申师任堂（1504—1551年）。她是朝鲜李朝时期著名女书画家，也是栗谷李珥的母亲，以她的美德和聪慧以及她在书法、绘画和诗歌上的杰出造诣成为韩国女性的典范。现存作品中具有代表性的有《荷花池的白鹭》、《葡萄》、《鳜鱼》、《茄子》等。

中国是韩国的最大出口市场，韩国居民的人民币存款2013年增长近39倍，相当于66.7亿美元。

如果你只在韩国停留四五天，或者是跟团去韩国，没太多自己逛街的时间，很少机会花到韩币的话，那么下面的内容你大可以忽略了。一次性在韩国的机场兑换韩元，用多少就换多少，或者直接刷卡消费就可以了。

如果你是自助游，要呆上10天以上的时间，那么你就必须精打细算。在韩国的百货公司或五星级饭店柜台持美元兑换韩币，汇率最参差不齐；最差汇率是在韩国的机场银行，或KEB外换银行，直接拿人民币兑换韩币；次差汇率是在国内的机场银行，或国内银行，直接拿人民币兑换韩币；较佳汇率是在国内先换好美元，拿美元到韩国的机场银行，或当地 KEB 外换银行兑换韩币；最佳汇率是在国内先换好美元，拿美元到韩国当地民间换钱所兑换韩币。

许多国内游客会有回国前兜里还有部分花不完的韩币情况，建议大家回国之前，在韩国机场将韩币兑换成美元后再带回国。美元可以留着下次出国游的时候再使用。因为存在汇差的情况，尽量减少兑换的次数以减少自己的金钱损失。

到韩国留学的学生，每隔几个月跟国内家里拿生活费时可以通过 ATM 提款后，再把钱存进韩国的银行账户慢慢用，这会比透过跨国正式的银行汇款被扣掉的费用低。中国学生在正式开学前到韩国去处理有关学习手续时，先试着使用。在确定可以使用之后，再让家人稳定的这样供应生活费。

韩国的导游及长期居住的外国人，几乎不会拿外币到银行换韩币，而会到民间换钱所去兑换。在民间换钱所进行韩币兑换，不用担心拿到伪钞的风险发生。韩国到目前为止没有出现过伪钞的问题。如果想得到最好汇率，请用美元去兑换韩币。民间换钱所开放时间约在每日 10 点至 19 点，少数开到 20 点。要注意的是，民间换钱所不收旅行支票。

自助游游客需注意：去韩国旅游住宿中低价位的招待所、旅馆、连锁酒店等等，多半都不收信用卡和旅行支票。付美元的话汇率很不划算，因而都是以韩币付钱为主。而住宿支出会占旅行支出很大一部分，需要自己去掏腰钱，因而出国前在国内银行网点需要多换一点韩币，这时汇率自然影响最小。

21. 加拿大元当属硬通货

加拿大元的货币代码写作“CAD”，其货币符号是“C $”。加拿大元是加拿大的法定货币。加拿大中央银行加拿大银行负责加拿大的货币发行。加拿大的货币进制单位是 1 元 = 100 分。现行的加拿大纸币有 5 元、10 元、20 元、50 元、100 元 5 种面额。另有 1 元、2 元和 5 分、10 分、25 分、50 分 6 种硬币。

加拿大使用的所有硬币由加拿大皇家铸币局铸造，所有纸币则由加拿大印钞有限公司印制。加拿大银行 2011 年 6 月在渥太华总部公布了用特殊塑料材质、并包含多项先进防伪技术的新型塑质钞票，以遏制在货币流通领域的高技术犯罪并尽可能节省印制钞票费用，这一技术主要参考的是澳洲印钞公司于 1995 年发行的澳元。

1934年加拿大银行创建以前以及后来的一段过渡时期，政府发行的纸币和特许银行发行的纸币同时在市面上流通。后来，特许银行发行的纸币逐渐退出流通领域，到1949年底，特许银行的纸币在实际使用中已不多见。

1935年加拿大发行第一批钞票，分别用英语和法语两种文字单独印刷，以后发行的钞票系列却都是英法两种文字共同印刷。

加元诞生时的实用性是加拿大邻近美国且越来越多的贸易关系的原因，当地居民期望加拿大与美国的货币单位互通，但伦敦当局仍然倾向于英制货币体系的想法，英镑是整个大英帝国唯一通行的货币。在1851年，加拿大立法局和加拿大省议会通过了一项结合英镑单位兼具十进制模式的造币法案。当时的想法是将通过十进制模式铸造的货币能与美元相对应。作为一种折衷办法，加拿大省立法局和省议会在1853年通过的法案，创制了加拿大的金本位制度。该金本位确认索维林为法定货币，且1英镑折合4.86加元或2/3美元。

加拿大联邦议会在1871年4月通过《统一货币法》，加拿大元取代各省货币。第一次世界大战期间，加拿大暂时放弃金本位，后于1933年4月明确取消金本位。第二次世界大战爆发时，加元与美元的汇率固定在 1.1 加元 = 1 美元，而在 1946 年两者达到平价。1949 年，随着英镑贬值，汇率回落到 1.1 加元 = 1 美元的水平。然而，1950 年加拿大开始实行放松紧盯美元的汇率政策，允许加元汇率浮动，直至 1962 年 1 加元 = 0.925 美元时才重置到挂钩状态。该联系汇率持续到 1970 年才又开始控制加元自由浮动。

1962 年 5 月以前，加拿大一直实行浮动汇率。1962 年 5 月加拿大政府规定了加元与美元的固定汇率为 1 美元合 1.081 加元。1971 年 8 月加元又开始采取浮动汇率。加拿大政府未规定出其货币必须有最低限度的黄金和外汇作为保证。随着美元的贬值，1971 年 9 月加元与美元汇率按其含金量定为 1 美元合 0.9957 加元。1974 年加元对美元汇率升至 16 年来最高点，加拿大政府开始限制资本流出，同时加强了中央银行对外汇市场的干预。1981 年美元利率开始回升，但加元汇率基本上呈下降的趋势变化，1985 年降至 1 美元合 1.42 加元。

1985 年 9 月西方五国财长会议后，美元汇率连连下跌，加元汇率不断上升，1986 年 1 美元合 1.3895 加元，1987 年合 1.326 加元，1988 年合 1.2307 加元，1989 年升至 1 美元合 1.184 加元。从加元汇率的变化看，加元汇率直接受纽约货币市场及蒙特利尔、多伦多之间的加元交易影响。

加拿大居民主要是英、法移民的后裔，分别属英语区和法语区，因此钞票上均使用英语和法语两种文字。加拿大是英联邦国家，钞票上主要是以英国统治者的头像作为主要图案。如 1935 年加拿大发行印刷有英王乔治五世头像的第一批钞票，分别用英语和法语两种文字单独印刷。1937 年发行印刷有英王乔治六世头像的 1937 年版的钞票，是用英、法两种文字共同印刷的。以后发行的 1954 年和 1969 年的钞票系列都是采用英、法两种文字共同印刷：1954 年开始发行印刷有伊丽莎白二世头像的钞票，最新的钞票是 1986 年发行的。新旧钞票均可以通用。

现行流通的加拿大硬币有 1、5、10、25、50 加分和 1、2 加元七种。硬币正面是伊丽莎白二世侧面戴王冠头像，背面是面值、国名、年号和加拿大野生动物图案。1 加分币背面图案是一根树枝上的两片枫叶，枫叶是加拿大的象征，在国旗和国徽上都有它的身影。

加元钞票纸张洁白，纸质坚韧，并分布有绿色圆点，在紫光灯的照射下会发出绿色荧光；钞票的正面和背面均采用凹版为主印刷，正面凹印的部位主要是人像、面额数字；背面凹印主要是主题图像；钞票正面底纹上下印刷到边，折起来图纹线可以对接上；最新的加拿大元的左边有一竖条全息安全贴膜，在不同角度下可以看到变色的枫叶和钞票的面值；在全息条右边人像处，在紫光灯照耀下可以看到英法两文的加拿大银行字样，还有面值数字，整张钞票到处有荧光纤维；在正面的面值数字以及其他多处有缩微印刷的文字；中间白色水印窗处可以看到面值主景人物的头像水印，以及面值数字的白水印；在水印窗右侧有面值数字的双面对印图案，对光可以看到钞票两面图案拼接成面值数字；背面的左侧可以看到开窗变色安全线，上面印有面值和“CAN”字样，且在不同角度该安全线的颜色在绿与黄之间变换不定。

目前，中国银行、中国工商银行、中国农业银行、中国建设银行、交通银行的国内经营网点均可以用人民币换到加元。虽然汇率每天每隔一段时间会有所变化，但同一银行在各地的汇率都是一样的。不同的商业银行汇率稍有差别，兑换不需要手续费。

强大的经济实力是加拿大元币值坚挺的可靠保证。加拿大 2014 年度国内生产总值近 18391.4 亿美元，占世界第 11 位置。加拿大是西方七大工业化国家之一。制造业和高科技产业较发达，资源工业、初级制造业和农业亦是国民经济的主要支柱。加拿大以贸易立国，对外资、外贸依赖很大，经济上受美国经济影响较深。加拿大的经济具有多样化和多机会的特点。经济发展高产出、低通胀、单位劳动力成本下降、出口极剧上升，同时拥有一个健康的商业投资环境。作为世界上经济最发达的国家之一，加拿大政府一贯致力于可持续的经济发展，加拿大目前最主要的三个行业分别是自然资源业，制造业和服务业。石油和矿业资源丰富的艾伯塔省将依旧是推动加拿大经济增长的主要引擎，而制造业大省安大略省的经济增长将得益于美国需求增加而出现加速。但不少经济学家分析指出，房地产市场泡沫是加拿大经济发展不确定的因素。

加拿大拥有现代化的交通运输网。铁路、航空、公路、水运都十分发达。出口商品中，主要是汽车及零配件、原油、天然气、新闻纸、木材、通讯和电子设备、农渔业产品。进口产品主要是机械设备等工业制成品。2013 年加拿大前五大贸易伙伴为美国、中国、墨西哥、日本和英国。日本虽超越英国排名第四，但英、日两国对加拿大贸易额均呈下降趋势。加拿大经济已经从美国经济复苏加速中获益。美国是加拿大第一大贸易伙伴国，加拿大超过 70% 的出口产品销往美国。随着美国经济增长加速，加拿大经济活动会更加活跃。

中国目前是加拿大第二大贸易伙伴、第二大进口及出口来源。2014 年 10 月，中国与加拿大于 2012 年 9 月签署的《中加外国投资促进及保护协定》正式生效。该协定规定了管理投资关系的明确规则。加拿大方面表示，这一协议将为加拿大投资者在海外拓展业务提供保护和信心，也将为更多的加拿大人创造就业及经济机会。

对于加拿大的出口而言，有两个主要的选择，一是出口到美国，二是出口到中国。而中国的经济增长速度要比美国快得多，这对于加拿大来讲始终是一个利好的因素。加拿大统计局最新数据显示，2013 年加中贸易总额为 732 亿加元，同比增长 4.5%。2013 年加对华出口 205 亿加元，同比增长 6%，主要出口商品为铁矿石、油菜籽、化学木浆、木材、煤等，其中木材出口显著增长 31% 达 14.5 亿加元；加自华进口 527 亿加元，同比增长 3.9%，主要进口产品为自动数据处理器、电话机、摩托车零部件、玩具、座椅等，其中摩托车零部件增长 17.6% 达 11.8 亿加元。目前中加两国商品贸易的总额都希望突破 1000 亿美元目标，拓展空间很大。两国服务贸易的总量还很小，两国之间的双向直接投资额也还不大。加拿大有着非常发达的服务业，这些服务业在中国也可以发展得很成功，还可以帮助中国一些领域的发展，比如金融、法律、会计、建筑设计等。另外，旅游业也是服务贸易的重要一项。中国前往加拿大的旅客激增，上涨幅度惊人。

22.
省钱省时才是换汇硬道理

国家旅游局2014年12月份公布的信息显示，中国内地公民出境旅游人数自有统计数据的1998年的843万人次，到2014年的破亿，增长了10.8倍。除港澳台外，国内居民出境旅游超过百万人次的国家有韩国、泰国、日本、美国、越南和新加坡。其中赴韩国、日本游客增幅最大，均超过40%。对于国内居民而言，随着出境游的不断升温，如何实惠换汇成了大家议论的焦点。此前银联汇率总是宣称是最优惠的价格，但不少人士调查发现，各商业银行机构的外币卖出价也有好于银联汇率的时候。2015年3月，央行宣布外汇市场人民币兑美元交易价浮动幅度由1%扩大至2%。市场对价格的影响力明显上升，市场主体的作用更加凸显，市场竞争也更加激烈。银联虽是由各银行机构共同发起的组织，但银联与银行之间实则存在一种竞争关系。在前几年，银联汇率在外币兑换上的优势较为明显，但随着外部环境的不断变化以及出境游逐渐火热的背景下，各银行机构也在外币兑换业务上加大了力度。银行从自身角度考虑，甚至会让出一部分利益，以获得更大的竞争优势。

需要说明的是，银行换汇是有严格的操作规范和工作流程的。如果你是用人民币去银行换美元现钞或现汇，银行直接按美元卖出价出售给你就完事了；但如果你是用人民币换非美元类现钞或现汇，像日元、澳元、泰铢、新加坡元。银行需要将你手中的人民币换成美元后再用美元兑换成日元、泰铢或新加坡元卖给你。这里就有一个汇率差和费用承担的问题，好在银行标明的价格已经将这些问题考虑在内了。需要说明的是，即使是实现与人民币直接兑换的外币，如英镑、日元、澳元、加元、新加坡元也不例外。

其实我们更多考虑的还是如何换汇才能更省钱和省时的问题。省钱省时是换汇硬道理。

去银行直接用人民币兑换外币，在国内居民心中是最保险的一种方法。据了解，中国银行、中国工商银行、中国建设银行、中国农业银行、交通银行、招商银行、中信银行、光大银行、民生银行等各家银行的大部分银行网点，都可以为居民办理因私购汇。而且在币种选择上，除基本的美元、日元、港元外，国内居民也可以选择兑换加元、澳元等特殊货币。中国银行还在国内首家开办韩元的兑换业务，但对于普通居民，韩元的兑换目前还仅限于出国后剩余韩元兑换成人民币。

由于银行兑换外币的挂牌价一般会紧跟国际汇市的变化，同时也会考虑自己在国际汇市的资金运营成本，因而在牌价上会有所不同。为了换到更实惠的挂牌价，不少市民在各银行之间来回对比，费时又费力。其实目前不少软件都有相应的服务功能，可以查到每家银行的报价，以及附近该银行网点的具体位置。而且个人还可以设置汇率刷新的时间，如“实时、五分钟、十分钟”等，可以说是省时又省力。

另外，部分银行还会在国内用汇高峰期推出换汇优惠活动，大家也可多留意。不过，各家银行的报价实际上差别比较细微，虽然大额兑换确实价差比较大，不过对于换汇金额小的居民来说，其实无需来回折腾。

目前，外管局对个人结汇和境内个人购汇实行年度总额管理，也就是说个人携带外币额度有限，如果大额的资金想带出国，还是应该采取其他方式。

对于还未在国外开立银行账户的市民，可以办理汇票后携带出国。个人汇票是银行根据客户要求签发的，以外汇标明面额的，由客户持有、携带，并到境外凭此办理外汇支付或取款的银行票据。因为一般刚出去留学的学生都没有海外账户，可以携带汇票出国，并在国外的银行办理托收，然后转存入自己开设的海外账户内。汇票需要支付一笔额外的手续费，与电汇相比较要便宜，但缺点是资金到账慢，汇票跟市民到达国外后，要到国外银行进行托收，10 个工作日才能到账。同时，汇票通常还有有效期限，一般为半年。还有一点需要注意的是，如果丢失需要本人回原网点办理挂失手续，这对于旅行者来说就比较不适合了。

与此相比，“外币旅行支票”对于出境游来说则要方便得多。我国银行目前主要代售的是美国运通国际股份有限公司发行的“外币旅行支票”。币种有美元、日元、欧元、英镑、加元、澳元等共 6 种。在境外，旅行支票可直接用于消费支付或兑换当地货币，特别是在美国、加拿大等国家和地区旅行支票就完全视同现钞，可在境外酒店、商场、出租车等场合直接消费，可直接向境外机构和个人进行支付，也可到当地银行或兑换机构兑换当地现金。游客未使用完毕的旅行支票，回国后可在银行兑回人民币。而且游客在旅途中万一不慎遗失旅行支票，还可以立即在当地办理挂失和旅行支票补发手续，解决后顾之忧。不过旅行支票手续费高，目前国内收取的手续费为支票金额的0.75%，不设置上限和下限。

尽管换汇仍是目前我国居民获取出境时所需外汇的主要手段，但信用卡在应付境外消费时，却有着意想不到的好处。目前大多数银行都推出了双币信用卡，可支持美元和人民币两种币种消费。如果在境外用美元消费，那么还款时只需将人民币兑换为美元，支付购汇的费用。但如果是选择非美元消费，那么可能就需要支付货币兑换手续费，一般是交易金额的1%～2%，每家银行有一定区别。也就是说如果用欧元消费，那么需要先将欧元兑换为美元，支付货币兑换费，再进行购汇还款。外币信用卡在全球超过25万家商店消费时，只需完成相应退税流程，即可通过自己的银联卡收到退回的消费税款。退税款项直接由消费地货币转换成人民币，免收货币转换费，退税成本更低。据了解，银联国际受理网络已拓展到境外110个国家和地区，可进一步满足居民持卡境外消费支付等用卡需求。

除了双币信用卡之外，目前各家银行推出的信用卡透支消费中，都有一项叫做“刷外币，还人民币”的功能。也就是说，在境外消费可以直接在卡中刷走外币，对于出国旅游的人来说，这项功能不仅使您可以免去上银行购买外汇的过程。通常而言，可以刷走外币的额度是根据信用卡中人民币的额度折算的，如果说您卡中的额度是10万元人民币，那么您实际上可以刷卡的额度就已经超过了6000美元，其实已经变相突破了外管局设置的兑换最高上限。如果仅从安全角度看，信用卡是值得信赖的方法。

“现在可以在网上直接购汇、结汇，再也不用跑银行排队，省了我不少时间，中行的这项服务真是太好了！”王先生一上班就兴奋告诉同事。由于工作原因，在某外贸公司工作的王先生需要经常去国外出差，兑换外币是件头疼的事，每次都要花不少时间到银行柜台排队购汇，包括填写个人结汇购汇申请书、复印身份材料、查询外汇额度、了解外汇牌价等等，整个过程至少要花十多分钟，既花时间又麻烦。不少银行新推出网银个人结售汇业务，解除了像王先生一类人群的烦恼。通过开通网银，足不出户就可以办理购汇和结汇，一笔交易仅需几秒，方便又快捷。获准开办网银个人结售汇业务的银行，与外管局个人结售汇管理信息系统连接，实时查询和申请个人客户的结售汇额度，在确保符合个人结售汇管理要求的前提下，通过网上银行为个人客户快捷地完成结售汇服务。客户只要在相关银行营业网点开立活期一本通账户或借记卡，同时申请网银个人理财版或贵宾版，即可通过网银在线办理英镑、港币、美元、日元、加拿大元、欧元、澳大利亚元、瑞士法郎、新加坡元货币的结汇、购汇业务，并可即时查询通过网银办理的结售汇业务详情、本人结售汇年度已用额、剩余额度情况以及一年内的结售汇交易记录。

表 8　2015 年 3 月 7 日中国银行外汇买卖即时牌价资料

货币名称	现汇买入价	现钞买入价	现汇卖出价	发布时间
美元	624.44	619.43	628.20	2015－03－07　13:40:02
瑞士法郎	633.32	613.29	638.40	2015－03－07　13:40:02
欧元	676.84	655.44	682.28	2015－03－07　13:40:02
日元	5.1683	5.0049	5.2099	2015－03－07　13:40:02
英镑	939.03	909.33	946.57	2015－03－07　13:40:02
澳大利亚元	481.65	466.41	485.51	2015－03－07　13:40:02
加拿大元	494.62	478.98	498.60	2015－03－07　13:40:02
新加坡元	451.39	437.11	455.01	2015－03－07　13:40:02

表 9　2015 年 3 月 7 日交通银行外汇买卖即时牌价资料

货币名称	现汇买入价	现钞买入价	现汇卖出价	发布时间
美元	625.00	619.99	627.50	2015－03－07　13:40:02
瑞士法郎	633.25	612.91	638.33	2015－03－07　13:40:02
欧元	677.36	655.26	682.10	2015－03－07　13:40:02
日元	5.1690	5.0031	5.2053	2015－03－07　13:40:02
英镑	938.46	907.85	945.04	2015－03－07　13:40:02
澳大利亚元	481.59	467.82	484.97	2015－03－07　13:40:02
加拿大元	494.69	478.79	498.65	2015－03－07　13:40:02
新加坡元	451.90	437.16	455.06	2015－03－07　13:40:02

表 10　2015 年 3 月 7 日招商银行外汇买卖即时牌价资料

货币名称	现汇买入价	现钞买入价	现汇卖出价	发布时间
美元	625.0200	620.0100	627.5200	2015－03－07　13:40:02
瑞士法郎	633.4000	613.8400	638.4800	2015－03－07　13:40:02
欧元	677.4400	656.5400	682.2000	2015－03－07　13:40:02
日元	5.1704	5.0109	5.2068	2015－03－07　13:40:02
英镑	939.6100	910.6200	946.2100	2015－03－07　13:40:02
澳大利亚元	482.0400	467.1600	485.4200	2015－03－07　13:40:02
加拿大元	494.6200	479.3500	498.6000	2015－03－07　13:40:02
新加坡元	452.3900	438.4300	455.5700	2015－03－07　13:40:02

表 11　2015 年 3 月 7 日国内主要商业银行美元即时卖出价对照表

银行名称	美元卖出价	发布时间	1000 元人民币可兑换美元	相对于银联汇率比较结果判断
中国银联	6.2747	03－07　11:00	1000 元人民币 = 159.37 美元	
交通银行	6.2750	03－07　08:11	1000 元人民币 = 159.36 美元	差于银联 0.005% 差别很小
广发银行	6.2751	03－06　16:30	1000 元人民币 = 159.36 美元	差于银联 0.006% 差别很小
中国银行	6.2752	03－07　00:00	1000 元人民币 = 159.36 美元	差于银联 0.008% 差别很小
中信银行	6.2752	03－07　00:00	1000 元人民币 = 159.36 美元	差于银联 0.008% 差别很小
中国工商银行	6.2754	03－06　16:38	1000 元人民币 = 159.35 美元	差于银联 0.011% 差别很小
华夏银行	6.2754	03－07　08:00	1000 元人民币 = 159.35 美元	差于银联 0.011% 差别很小
兴业银行	6.2754	03－07　07:50	1000 元人民币 = 159.35 美元	差于银联 0.011% 差别很小
中国建设银行	6.2757	03－07　00:00	1000 元人民币 = 159.34 美元	差于银联 0.016% 差别很小
中国农业银行	6.2760	03－07　07:54	1000 元人民币 = 159.34 美元	差于银联 0.021% 差别很小
浦发银行	6.2762	03－07　00:01	1000 元人民币 = 159.33 美元	差于银联 0.024% 差别很小
招商银行	6.2820	03－07　00:00	1000 元人民币 = 159.18 美元	差于银联 0.116% 差别较大

23.

有外汇管制好还是没有外汇管制好

外汇管制是指一国政府为平衡国际收支和维持本国货币汇率而对外汇进出实行的限制性措施。外汇管制分为数量管制和成本管制。前者是指国家外汇管理机构对外汇买卖的数量直接进行限制和分配，通过控制外汇总量达到限制出口的目的；后者是指国家外汇管理机构对外汇买卖实行复汇率制，利用外汇买卖成本的差异来调节进口商品结构。

外汇管制的执行者是政府授权的中央银行、财政部或另设的其他专门机构。如 1939 年英国实施外汇管制后指定英国财政部为决定外汇政策的权力机构，英格兰银行代表财政部执行外汇管制的具体措施。日本则由大藏省负责外汇管制工作；意大利设立了外汇管制的专门机构外汇管制局。除官方机构外，有些国家还由其中央银行指定一些大商业银行作为经营外汇业务的指定银行，并按外汇管制法令集中办理一切外汇业务。外汇管制所针对的自然人和法人通常划分为居民和非居民。各国的外汇管制法规通常对居民管制较严，对非居民管制较松。外汇管制范围包括外国钞票和铸币、外币支付凭证、外币有价证券和黄金；有的国家还涉及白银、白金和钻石。在设立特区的国家中，某些外汇管制法规可能不适用于特区。一个国家对不同国家货币的外汇管制宽严程度也可能有所不同。

外汇管制针对的活动涉及外汇收付、外汇买卖、国际借贷、外汇转移和使用、该国货币汇率的决定、该国货币的可兑换性，以及本币和黄金、白银的跨国界流动。外汇管制手段多种多样。主要手段有：

（1）对出口外汇收入的管制：在出口外汇管制中，最严格的规定是出口商必须把全部外汇收入按官方汇率结售给指定银行。出口商在申请出口许可证时，要填明出口商品的价格、数量、结算货币、支付方式和支付期限，并交验信用证。

（2）对进口外汇的管制：对进口外汇的管制通常表现为进口商只有得到管汇当局的批准，才能在指定银行购买一定数量的外汇。管汇当局根据进口许可证决定是否批准进口商的买汇申请。有些国家将进口批汇手续与进口许可证的颁发同时办理。

（3）对非贸易外汇的管制：非贸易外汇涉及除贸易收支与资本输出入以外的各种外汇收支。对非贸易外汇收入的管制类似于对出口外汇收入的管制，即规定有关单位或个人必须把全部或部分外汇收支按官方汇率结售给指定银行。为了鼓励人们获取非贸易外汇收入，各国政府可能实行一些其他措施，如实行外汇留成制度，允许居民将个人劳务收入和携入款项在外汇指定银行开设外汇账户，并免征利息所得税。

（4）对资本输入的外汇管制：发达国家采取限制资本输入的措施通常是为了稳定金融市场和稳定汇率，避免资本流入造成国际储备过多和通货膨胀。它们所采取的措施包括：对银行吸收非居民存款规定较高的存款准备金；对非居民存款不付利息或倒数利息；限制非居民购买该国有价证券等。

（5）对资本输出的外汇管制：发达国家一般采取鼓励资本输出的政策，但是它们在特定时期，如面临国际收支严重逆差之时，也采取一些限制资本输出的政策，其中主要措施包括：规定银行对外贷款的最高额度；限制企业对外投资的国别和部门；对居民境外投资征收利息平衡税等。

（6）对黄金、现钞输出入的管制：实行外汇管制的国家一般禁止个人和企业携带、托带或邮寄黄金、白金或白银出境，或限制其出境的数量。对于该国现钞的输入，实行外汇管制的国家往往实行登记制度，规定输入的限额并要求用于指定用途。对于该国现钞的输出则由外汇管制机构进行审批，规定相应的限额。不允许货币自由兑换的国家禁止该国现钞输出。

（7）复汇率制：对外汇进行价格管制必然形成事实上的各种各样的复汇率制。复汇率制指一国规章制度和政府行为导致该国货币与其他国家的货币存在两种或两种以上的汇率。

根据外汇管制内容和严格程度的不同一般分为三种类型：

第一类为实行严格外汇管制的国家和地区。即对国际收支的所有项目，包括经济项目、资本项目和平衡项目都进行较严格的管制。这类国家和地区通常经济不发达，外汇资金短缺，为了有计划地组织稀缺的外汇资源并合理运用，调节外汇供求，通过外汇管理达到稳定金融的目的，外汇管制措施都比较严格。凡实行计划经济的国家以及多数发展中国家，如印度、缅甸、巴西、哥伦比亚、伊拉克、阿富汗、摩洛哥、乍得、塞拉利昂、葡萄牙等国家都属此类。

第二类为名义上取消外汇管制的国家和地区。即对非居民往来的经常项目和资本项目的收付原则上不进行直接管制，尽管事实上还存在一些间接管制。属于这一类型的主要是发达的工业化国家，如美国、德国、日本、瑞士、卢森堡等，还有收支持续顺差的国家，如科威特、沙特阿拉伯、阿拉伯联合酋长国等石油输出国家。

第三类为实行部分外汇管制的国家和地区。这类国家包括一些比较发达的资本主义工业国，其对外贸易规模较大，有较雄厚的黄金外汇储备，国民生产总值也较高，如法国、澳大利亚、丹麦、挪威等国。还有一些经济金融状况较好的发展中国家，如圭亚那、牙买加、南非等国。

从世界经济的长远发展来说，各国逐步放宽和最终取消外汇管制是一种历史趋势，但是这将是一个十分漫长的过程。在当代游资充斥的国际金融市场上，市场机制本身也存在重大缺陷，完全听任市场自发调节并非是各国最优的选择。外汇管制是一把“双刃剑”，它既能产生积极作用，又能带来消极影响。就目前来看，实行外汇管制的积极作用主要体现在以下几个方面：

（1）促进国际收支平衡或改善国际收支状况。长期的国际收支逆差会给一国经济带来显著的消极影响，维持国际收支平衡是政府的基本目标之一。政府可以用多种方法来调节国际收支，但是对于发展中国家来说，其他调节措施可能意味着较大代价。例如，政府实行紧缩性财政政策或货币政策可能改善国际收支，但它会影响经济发展速度，并使失业状况恶化。

（2）稳定本币汇率，减少涉外经济活动中的外汇风险。汇率频繁地大幅度波动所造成的外汇风险会严重阻碍一国对外贸易和国际借贷活动的进行。拥有大量外汇储备的国家或有很强的借款能力的国家可以通过动用或借入储备来稳定汇率。对于缺乏外汇储备的发展中国家来说，外汇管制是稳定本币对外币汇率的重要手段。

（3）防止资本外逃或大规模的投机性资本流动，维护该国金融市场的稳定。经济实力较弱的国家存在着非常多的可供投机资本利用的缺陷。例如，在经济高速发展时商品价格、股票价格、房地产价格往往上升得高于其内在价值。在没有外汇管制的情况下，这会吸引投机性资本流入，后者会显著加剧价格信号的扭曲。一旦泡沫破灭，投机性资本外逃，又会引发一系列连锁反应，造成经济局势迅速恶化。外汇管制是这些国家维护该国金融市场稳定运行的有效手段。

（4）增加该国的国际储备任何国家都需要持有一定数量的国际储备资产。国际储备不足的国家可以通过多种途径来增加国际储备，但是其中多数措施需要长期施行才能取得明显成效。外汇管制有助于政府实现增加国际储备的目的。

（5）有效利用外汇资金，推动重点产业优先发展。外汇管制使政府拥有更大的对外汇运用的支配权。政府可以利用它限制某些商品进口，来保护该国的相应幼稚产业；或者向某些产业提供外汇，以扶植重点产业优先发展。

（6）增强该国产品国际竞争能力。在该国企业不足以保证产品的国际竞争能力的条件下，政府可以借助于外汇管制为企业开拓国外市场。例如，规定官方汇率是外汇管制的重要手段之一，当政府直接调低本币汇率时，或限制短期资本流入时，都有助于该国增加出口。

（7）增强金融安全。金融安全指一国在金融国际化条件下具有抗拒内外金融风险和外部冲击的能力。开放程度越高，一国维护金融安全的责任和压力越大。影响金融安全的因素包括国内不良贷款、金融体制改革和监管等内部因素，也涉及外债规模和使用效益、国际游资冲击等涉外因素。发展中国家经济发展水平较低，经济结构有种种缺陷，特别需要把外汇管制作为增强该国金融安全的手段。

实行外汇管制的消极影响主要体现在以下几个方面：

（1）汇率扭曲，不利于资源合理配置。无论是政府规定官方汇率，还是政府限制外汇买卖，都会使汇率偏离市场均衡汇率。对发展中国家来说，汇率扭曲主要表现在本币汇率过高。这可能是由于政府为本币规定了偏高的官方牌价，也可能是由于政府对外汇供求施加限制的结果。这种扭曲的汇率对资源配置有不利影响。在发达国家普遍对农产品出口提供巨额补贴的情况下，世界农产品市场价格已经偏低；高估本币汇率进一步降低了进口农产品的本币价格，使该国农产品价格随之下降，造成国家农业发展缓慢。高估本币汇率还会普遍性地打击该国的出口产业和进口替代产业，因为它抬高了该国出口商品的外币价格并压低了进口商品的本币价格。汇率的扭曲使人们难以做出正确的投资决策。本币汇率过高不利于吸引外资，它使外资只能支配较少数量的该国实际资源；从长远来看，这不利于该国的经济发展、技术进步和国际竞争能力的提高。

（2）在一定程度上影响国际贸易的发展和对外开放的进程。从世界范围来看，外汇管制阻碍着自由多边结算体系的形成，自然阻碍了国际贸易和国际资本流动的正常进行。对许多国家来说，高估本币汇率和限制外汇自由交易会打击出口企业的创汇积极性，而外汇短缺也影响该国进口贸易的发展。限制资本外流和限制投资收益回流的做法也会打击外商对该国投资的积极性。许多国家的经验证明，要打破国际收支逆差、外汇储备不足、外汇管制、对外开放程度低、经济发展速度慢之间的恶性循环，需要在逐步取消外汇管制上寻找突破口。

（3）出现外汇黑市，而且外汇官价和黑市并存可能带来权钱交易。当外汇牌价被显著压低之时，就很难避免外汇黑市的出现。当外汇黑市规模较大时，政府甚至不得不开放外汇调剂市场，使该国出现合法的双轨制汇率。为了以较低的官价购买外汇，某些个人和企业可能向掌握外汇配给权的官员行贿，助长社会的腐败风气。

美国和日本指责中国政府干预外汇自由，要求中国实行浮动汇率，放开资本管制，其实更多的还是从自身利益的考虑。应该讲，完全自由的货币兑换是不存在的。直到现在，西方各国仍然对外币进行一些管制，尤其管制外国货币以投资名义的流入。在日本和西方各国，外国资本占有比例较低，大都不到10%，远低于我国。我国出口量60%来自外国资本家，这一比例远大于西方各国。我国目前对外汇实际管制水平很低，低于很多西方各国。据官方统计资料显示，一般贸易已经没有管制，资本项上真正得到管制的不到15%，85%以上领域都基本放开了，只是西方不承认。

多年来我国央行推行的“藏汇于民”政策并不是老百姓把外汇藏到自己手里，而是他们自行决定运用包括投资等机会，让金融界放开外币的流通，商业银行可以存储外币，可以发放美元贷款，可以抵押外币到银行贷款，经济体中货币主要使用者企业之间已经可以使用外币做交易工具了。目前央行公开表示，中国将放松对居民使用外汇的限制，因中国国际收支更趋平衡。目前不少居民个人的资产量非常大，有能力进行外汇投资。另一方面，中国的外汇储备规模已经过了临界点，不需要再增加外汇，政府目前也有将用汇权力归还给企业及个人的意愿。尽管近年来中国政府一直在极力鼓励增加进口，从而缩小中国的贸易顺差规模，但不少分析人士仍认为中国的贸易顺差将持续增长。外汇过于集中于央行并由国家统一进行对外投资，在起初的确能起到避免风险的效果，但是随着国际国内环境转变，国家统一对外投资的风险已越来越大，目前更适合由个人和企业进行分散投资。目前，中国居民在使用外汇方面受制较多，一是每人每年的结购汇额度固定，如美元只有5万美元，而现在越来越多的中国人每年在海外的消费额度远远不止5万美元。而个人的境外投资则完全不被允许，只能通过金融机构的QDII等产品进行投资。未来个人的购汇规模势必会更大，不过这一改革的推进也肯定会有一些前提条件，如购买大量外汇的个人必须有明确的投资方向等。其实除了居民个人，央行也可以相应放松金融机构对外投资的额度，同时增加允许对外投资的企业类型。另有专业人士指出，“藏汇于民”的障碍不在于政策，而在于涉汇主体的持汇意愿。由于人民币存在升值预期、国内外汇差、利差等因素，企业和个人结汇意愿较为强烈，普遍不愿意持有和保留外汇。外汇持有主体和使用主体之间存在结构上的差异。进出口企业往往只专注于贸易，很少会考虑境外投资，因此这些企业的结汇意愿比较强。而希望进行海外投资的企业又较难拿到大规模的外汇。结汇需求和用汇需求之间需要进行调节。

24.
人民币开始挑战美元霸主位置

美元的霸主位置即使是在欧元运行多年之后也未能撼动它。但随着人民币国际化的步伐逐步加快和人民币能量的巨额释放，美元开始感觉到挑战的来临。人民币国际化是指人民币能够跨越国界，在境外流通，成为国际上普遍认可的计价、结算及储备货币的过程。人民币国际化的含义包括三个方面：第一，是人民币现金在境外享有一定的流通度；第二，是以人民币计价的金融产品成为国际各主要金融机构包括中央银行的投资工具；第三，是国际贸易中以人民币结算的交易要达到一定的比重。当前国家间经济竞争的最高表现形式就是货币竞争。如果人民币对其他货币的替代性增强，不仅将现实地改变储备货币的分配格局及其相关的铸币税利益，而且也会对西方国家的地缘政治格局产生深远的影响。人民币国际化进程主要大事件如下：

2007 年 6 月，首支人民币债券登陆香港，此后内地多家银行先后多次在香港推行两年或三年期的人民币债券，总额超过 200 亿元人民币。

2008 年 7 月，国务院批准中国人民银行新设立汇率司，其职能包括根据人民币国际化的进程发展人民币离岸市场。

2008 年 12 月，中国与俄罗斯就加快两国在贸易中改用本国货币结算进行了磋商；中国人民银行和韩国银行签署了双边货币互换协议，两国通过本币互换相互提供规模为 1800 亿元人民币的短期流动性支持。同月，国务院决定，将对广东和长江三角洲地区与港澳地区、广西和云南与东盟的货物贸易进行人民币结算试点；此外，中国已与包括蒙古、越南、缅甸等在内的周边八国签订了自主选择双边货币结算协议，人民币区域化的进程大步加快。

2009 年 2 月，中国与马来西亚签订 800 亿元规模的人民币互换协议。

2009 年 3 月，国务院确认人民币跨境结算中心将在香港进行试点。

2009 年 3 月，中国人民银行和白俄罗斯共和国国家银行宣布签署双边货币互换协议，推动双边贸易及投资促进两国经济增长。同月，中国人民银行和印度尼西亚银行宣布签署双边货币互换协议，目的是支持双边贸易及直接投资以促进经济增长，并为稳定金融市场提供短期流动性。

2009 年 4 月，中国人民银行和阿根廷中央银行签署双边货币互换协议。

2009 年 7 月，六部门发布跨境贸易人民币结算试点管理办法，我国跨境贸易人民币结算试点正式启动。

2010 年 6 月，六部门发布扩大跨境贸易人民币结算试点有关问题的通知，跨境贸易人民币结算试点地区范围将扩大至沿海到内地 20 个省区市，境外结算地扩至所有国家和地区。

2011 年 8 月，中国人民银行允许河北、山西等 11 个省的企业可以开展跨境贸易人民币结算。至此，跨境贸易人民币结算境内地域范围扩大至全国。

2012 年 11 月，我国和南非之间的贸易都直接将法兰特兑换成人民币来结算。

2013 年 10 月，第五次中英经济财金对话在北京举行，中国和英国同意人民币与英镑直接交易。

2013 年 12 月，中央经济工作会议对人民币汇率走势提出了明确要求，保持人民币汇率基本稳定。

2014年6月，建行担任伦敦人民币业务清算行；中行担任法兰克福人民币清算行。

2014年7月，中国人民银行发布公告称，决定授权交通银行首尔分行担任首尔人民币业务清算行。

事实上，人民币在东南亚的许多国家或地区已经成为硬通货。从近几年人民币在周边国家流通情况来看，其使用范围分为三种类型：

第一种，在新加坡、马来西亚、泰国、韩国等国家。人民币的流通使用主要是伴随旅游业的兴起而得到发展的。中国每年都有大批旅游者到这些国家观光旅游，因而在这些国家可以用人民币购买商品的购物店越来越多，可以用人民币兑换本国货币的兑换店和银行也开始出现。在韩国比较知名的购物商场、酒店、宾馆等每日都公布人民币与本地货币、本地货币与美元的比价。人民币同本地货币和美元一样，可以用于支付和结算。在韩国几乎所有的商业银行都办理人民币与韩币、人民币与美元的兑换业务，也可以随时用人民币兑换欧元、日元、英镑等所有的硬通货。同时，中国银联持卡人在韩国、泰国和新加坡可以使用银联卡进行购物消费，也可以在这些国家的取款机上支取一定限额的人民币。

第二种，在中越、中俄、中朝、中缅、中老等边境地区。人民币的流通使用主要是伴随着边境贸易、边民互市贸易、民间贸易和边境旅游业的发展而得到发展的。人民币作为结算货币、支付货币已经在这些国家中大量使用，并能够同这些国家的货币自由兑换，在一定程度上说，人民币已经成为一种事实上的区域性货币。人民币在朝鲜已经成为人们结算货款、进行商品交易、当作硬通货储备的货币之一。在越南、俄罗斯、朝鲜、缅甸等国家大多与旅游有关的行业、部门以及商品零售业均受理人民币。并且逐日公布人民币与本国货币的比价。

第三种，在中国的香港和澳门地区。由于内地和港澳地区存在着密切的经济联系，每年相互探亲和旅游人数日益增多，人民币的兑换和使用相当普遍。资料显示，在中国香港已有100多家货币兑换店和近20家银行开办了人民币兑换业务。很多宾馆、购物商场，尤其是游人的购物点都报出人民币与港币的汇率并直接受理人民币。由于港币可以随时兑换成美元，实际上人民币也可以随时通过港币这个中介兑换成美元。专家估算，日前在香港流通的人民币已达700多亿元，成为仅次于港币的流通货币。

据国家外汇管理局研究人员调查统计，人民币每年跨境的流量大约有1000亿元，在境外的存量大约是200亿元。人民币已经在一定程度上被中国周边国家或地区广泛接受，人民币国际化处于渐进发展的阶段。进入21世纪以来，人民币开始呈现向世界部分发达国家和地区流通的趋势。主要表现为，人民币在部分发达国家和地区开始使用。随着中国游客的不断增多，在欧洲一些国家和美国、加拿大等国的机场以及饭店也开展了人民币兑换业务。如纽约的机场、唐人街以及部分华人比较集中的地区。在日本华人比较集中的地区也已经开始收人民币。而作为位居全球第二大经济体，中国的主权货币具有成为国际货币的极大可能。但是人民币国际化的成功需要三个基本条件：经济的可持续发展；具有健全的以保护产权为核心的市场经济基础性制度；拥有规模巨大、流动性、安全性和成长性兼具的现代金融市场体系。这三个条件目前人民币都已经具备。

人民币在周边国家的流通是中国经济成长到新阶段的表现。同时说明人民币国际化进程已经开始。人民币国际化趋势首先应该是市场选择的结果，而不是政府力量推动的结果。较大的经济规模和持续的增长趋势是建立交易者对该种货币信心的经济基础；经济开放度较高、在世界经济中占有重要地位的国家能够获得交易者对该国货币的需求，并促使该货币最终成为国际货币。1997年亚洲金融危机后，为维护人民币不贬值的国际信誉，人民银行收窄了人民币的波动幅度，与美元形成了较为稳固的关系，使得人民币迅速得到周边地区的认同，形成区域内的“良币”形象。同时，经济高速稳定增长支撑下的人民币强势表现，增强了人民币在区域内的信誉，也赢得了区域内市场的信赖和需要。从亚洲来看，随着中国的崛起，在一个市场中，一种货币作为价值尺度将大大减少贸易和资本流动中的交易成本，为该地区创造更多的贸易机会，提高交易的规模、效率和国家福利。中国与亚洲经济一体化程度的提高将扩大亚洲市场的规模，并产生对共同价值标准的需求。人民币地位的提升将是一个必然结果，亚洲出现人民币替代其他货币的现象也将成为可能。

中国国内政局一直十分稳定，同时具有较强的世界政治地位，在世界政治舞台上发挥着重要的作用。中国的经济在过去20年中平均超过世界经济增长的1.5倍，20世纪90年代以来，中国国内生产总值年均增长9.3%，经济实力和综合国力又上了一个新的台阶，目前国内生产总值和国家外汇储备额已居世界第二位。中国储蓄率在40%以上，在世界各国中最高的储蓄率为投资提供了保证，成为经济增长的一个动力。

中国一直实行稳定的货币政策。近几年治理通货膨胀，维持人民币币值的对内稳定和对外稳定成效显著。在亚洲金融危机中，其他国家货币大幅度贬值，而人民币则保持了汇价稳定，防止了危机的进一步扩大和加深，为人民币奠定了牢固、可靠的信用基础。为推进人民币国际化创造了前提条件。

实现了人民币国际化后，不仅可以减少中国因使用外币引起的财富流失，而且将为中国利用资金开辟一条新的渠道。但人民币国际化的利弊会同时存在。

获利的主要方面有：

(1) 提升中国国际地位，增强中国对世界经济的影响力。美元、欧元、日元等货币之所以能够充当国际货币，是美国、欧盟、日本经济实力强大和国际信用地位较高的充分体现。人民币实现国际化后，中国就拥有了一种世界货币的发行和调节权，对全球经济活动的影响和发言权也将随之增加。同时，人民币在国际货币体系中占有一席之地，可以改变目前处于被支配的地位，减少国际货币体制对中国的不利影响。

(2) 减少汇价风险，促进中国国际贸易和投资的发展。对外贸易的快速发展使外贸企业持有大量外币债权和债务。由于货币敞口风险较大，汇价波动会对企业经营产生一定影响。人民币国际化后，对外贸易和投资可以使用本国货币计价和结算，企业所面临的汇率风险也将随之减小，这可以进一步促进中国对外贸易和投资的发展。同时，也会促进人民币计价的债券等金融市场的发展。

(3) 进一步促进中国边境贸易的发展。边境贸易和旅游等实体经济发生的人民币现金的跨境流动，在一定程度上缓解了双边交往中结算手段的不足，推动和扩大了双边经贸往来，加快了边境少数民族地区经济发展。另外，不少周边国家是自然资源丰富、市场供应短缺的国家，与中国情况形成鲜明对照。人民币流出境外，这对于缓解中国自然资源短缺、市场供应过剩有利。

(4) 获得国际铸币税收入。实现人民币国际化后最直接、最大的收益就是获得国际铸币税收入。铸币税是指发行者凭借发行货币的特权所获得的纸币发行面额与纸币发行成本之间的差额。在本国发行纸币，取之于本国用之于本国。而发行世界货币则相当于从别国征收铸币税，这种收益基本是无成本的。

中国拥有数额较大的外汇储备，实际是相当于对外国政府的巨额无偿贷款，同时还要承担通货膨胀税。人民币国际化后，中国不仅可以减少因使用外汇引起的财富流失，还可以获得国际铸币税收入，为中国利用资金开辟一条新的渠道。

弊端主要会发生在以下几个方面：

（1）对中国经济金融稳定产生一定影响。人民币国际化使中国国内经济与世界经济紧密相连，国际金融市场的任何风吹草动都会对中国经济金融产生一定影响。特别是货币国际化后如果人民币国际化使本币的实际汇率与名义汇率出现偏离，或是即期汇率、利率与预期汇率、利率出现偏离，都将给国际投资者以套利的机会，刺激短期投机性资本的流动，并可能出现像1997年亚洲金融危机时产生的“羊群效应”，对中国经济金融稳定产生一定影响。

（2）增加宏观调控的难度。人民币国际化后，国际金融市场上将流通一定量的人民币，其在国际间的流动可能会削弱中央银行对国内人民币的控制能力，影响国内宏观调控政策实施的效果。比如，当国内为控制通货膨胀而采取紧缩的货币政策而提高利率时，国际上流通的人民币则会择机而入，增加人民币的供应量，从而削弱货币政策的实施效应。

（3）加大人民币现金管理和监测的难度。人民币国际化后，由于对境外人民币现金需求和流通的监测难度较大，将会加大中央银行对人民币现金管理的难度。同时人民币现金的跨境流动可能会加大一些非法活动如走私、赌博、贩毒的出现。伴随这些非法活动出现的不正常的人民币现金跨境流动，一方面会影响中国金融市场的稳定，另一方面也会增加反假币、反洗钱工作的困难。

尽管一国货币国际化会给该国带来种种消极影响，但长远看，国际化带来的利益整体上远远大于成本。美元、欧元等货币的国际化现实说明，拥有了国际货币发行权，就意味着制定或修改国际事务处理规则方面的巨大的经济利益和政治利益。

25. 美元带头贬值让大家变得愈来愈自私

美元贬值是一个极其复杂的问题，按照我们的话来讲，内因外因都有。但当今的金融管理层会从容的把美元升值贬值作为一种调控的金融政策来使用，即驾驭美元的贬值和升值。这是前人所不及的。从美元的发展历程来观察，美元贬值有着历史根源。其主要原因归纳如下：

从 1995 年到 2002 年期间，美国政府一直坚持强势美元政策，强势美元政策对 20 世纪 90 年代中后期美国经济的持续高速增长起了重要作用。然而进入 21 世纪以来，强势美元不仅严重影响了美国产品的国际竞争力，制约了出口增长，而且导致美国跨国公司的盈利状况恶化，因为跨国公司在国外的盈利转换成美元后缩水。现如今，强势美元已成为制约美国经济复苏的一个重要因素。美国制造业纷纷向政府施压，要求改变强势美元政策。美国政府似乎也已意识到强势美元政策难以长期为计。

受美国经济增长放慢的影响，2008 财年开始，财政赤字猛增，仅 2008 年前两个月就达到了 1568 亿美元，与上一年的同期相比，增长了 25.6%。美国的财政赤字在刺激经济发展的同时，也使其债台高筑，并且相当部分财政赤字需要通过外债弥补。虽然近五年美国财政赤字持续下滑，但在 2014 年，美国财政赤字仍拥有 4880 亿美元的规模、美联储对外负债总额更是高达 4.44 万亿美元。2006 年 7 月，日本是持有最多美国国债的国家，总额高达 5934 亿美元，中国持有 5187 亿美元国债位居第二。而到 2014 年底，中国则持有美国国债数量 1.24 万亿美元而连续多年位居第一、日本持有 1.23 万亿美元国债位居次席。需要说明的是，美国国债的偿还是使用美元进行清偿，而美国目前主要是采取印刷美元的办法来还债。其实在 2007 年，当时的美国就通过美元贬值的方式敛国际财富以弥补国内由于次贷危机造成的财富亏空问题，达到“轻弹”美元攫刨全球利益的目的。

受欧洲经济的整体影响，虽然短期内欧元具有一定的波动表现，但欧元发展过程中不断显现出来的强势还是增强了其作为国际储备与结算货币的吸引力。据 IMF 统计，美元在世界各国央行储备中的比重由 1999 年的 71% 左右下降至 2014 年的 60% 左右，而欧元的比重则从 2002 年初的 19.7% 左右上升至 2014 年的 22.6% 左右。在国际债券市场欧元更是取代了美元成为国际市场发债的主要货币。欧元的崛起已直接威胁到美元作为世界主要储备货币与结算货币的地位，成为美国的心病。伊朗总统内贾德已经宣布，伊朗未来的石油交易将以欧元结算，俄罗斯的普京总统也要建立用卢布计价和结算的石油市场。无疑这些举措都将在全球范围内减少对美元的需求，并损害美元的霸权地位。

20 世纪 90 年代后，外汇储备过剩问题在亚洲经济圈表现十分突出。2014 年末，亚洲前三位美元储备国中国、日本和沙特阿拉伯的外汇储备分别是 3.95 万亿美元、1.3 万亿美元和 7260 亿美元。截至 2014 年 6 月，亚洲国家的外汇储备总值已迅速飚升到 7.47 万亿美元，占据全球第一位置。全球外汇储备过剩，使美国作为最大债务国骑虎难下。而美国从 1987 年开始就是负债国，现在 28 年过去了，2014 年 10 月末美国金融机构外债余额在 5.09 万亿美元以上。巨额债务只能利用美元贬值来消化。不过美国人不会着急。有学者测算美元贬值25%，则美国所欠境外投资者约3万亿美元债务就可能会蒸发掉0.75万亿美元。围绕美元替代品的讨论反映出了新兴经济体对美国货币政策的不满。这些新兴经济体累积了近10万亿美元的外汇储备，其中大多为美元资产。任何面临与美国同样问题的国家，都需要巴黎俱乐部来与其债权国就其货币及财政政策进行协商，以保护自身利益。但美国的情况十分独特：它用本币借债，而美元又是全球最主要的储备货币。美国能够暂时无视其债权国的忧虑，不必担心美元会崩溃。但美联储开动印钞机，将引发高通胀，甚至是恶性通胀，并对外汇储备中持有美元资产的国家造成严重伤害。

我们更多看到的是，美元的强势与弱势，已不是一种经济现象，而是一种政治需要。其实美国一直操纵着美元贬值，并迫使欧元、人民币、澳元、韩元、日元升值，目的是削减这些国家和经济体的出口竞争力。美国经济学家克鲁格曼将当今全球经济格局描述为：全世界都在努力生产美元能够购买的商品，而美国则负责生产美元，利用其核心货币提供国的地位，以印刷品的价格换取石油，这就是霸道的美元。

有说法，中国对于美国实力和责任心的信任，以及仰仗美国军事保护的海湾国家所持有的石油美元，是美元全球地位的两大支撑。中国大陆、香港、台湾及海外华人持有的美元资产，可能会占到外国持有美元资产的半数。要想理解美元的独特地位，你必须看一看富裕华人的资产配置情况。同时，中国的人民币仍未开放，仍算不上一种可靠的财富储备工具。此外，富裕的华人往往将子女送往美国接受教育。他们会将美元视为自己的首要货币。当然，美国可以通过资产出售和财政转移来修复其资产负债表，而不仅仅是印钞。当房地产和股票价格跌幅足够大时，外国需求，尤其是来自华人的需求，将大量涌现。美国可以卖掉其未开发的庞大自然资源储备。美国人或许认为这些想法不可思议。很难想象，一个超级大国为了避免破产，竟然需要变卖家产。如此看来，印钞似乎是一条不那么令人痛苦的出路。

对于美元储户而言，全球环境极端负面。尽管房价及股价已大幅下挫，但仍不值得买进，且还可能进一步下跌。利率水平已几近于零。美联储正忙于印钞，这最终将造成通胀，从而使美元储备贬值。其他货币同样不是安全港。随着美联储扩大货币供应，也给其他货币施加了升值压力。这将迫使其他央行扩大本国货币供应，使本币贬值。2015

年初，欧元、日元和加拿大元的相继贬值就充分说明了这一点。主要货币可能会轮番贬值，最终结果是全球各国都出现通胀和实际利率为负的局面。各国央行正为了救赎举债者和投机者的罪责而惩罚储蓄者。不幸的是，华人正是最大的储蓄者。稀释中国的储蓄，来为美国行将倒闭的银行和破产家庭纾困，将会摧毁美元的全球地位，尽管这种做法在短期内非常符合美国的国家利益。华人对美元的需求本已开始减弱。中国日益膨胀的外汇储备，反映出对美元的私人需求不足，而人民币升值是其驱动因素。尽管从本质上讲这是一种投机，但也表明人民币可信度不断提升，同时具有替代美元成为华人主要财富储备工具的潜力。

美国的政策正促使中国向建立另一套金融体系的方向迈进。过去20年，中国与全球经济的接轨仍停留在为跨国企业提供廉价劳动力、并将人民币汇率与美元挂钩，使中国得以利用美国的金融体系，来满足自己的国际需求。但美元的持续贬值使得中国越来越担忧美元的可靠性问题。中国近日有关在2020年前将上海建设成金融中心的决定，及其近期人民币存贷款利率的再次下调，反映出其对于依赖美元体系的担忧。

中国人民银行
50
FEDERAL
IB 90930098 B
B2
5
FIVE

26. 美国国债还真不是“垃圾”

美国国债是指美国财政部代表联邦政府发行的国家公债。根据发行方式不同，美国国债可分为凭证式国债、实物券式国债（又称无记名式国债或国库券）和记账式国债三种。根据债券的偿还期限不同，美国国债大致可分为短期国库券（T - Bills）、中期国库票据（T - Notes）和长期国库债券（T - Bonds）三类。美国国债除了本土投资者外还面向全球各个国家，其发行量逐年在增加。美国国债史比美国历史都长。独立战争期间，美国1791 年 1 月就募得国债 75463476. 52 美元。其后45 年，国债增长，但在安德鲁·杰克逊总统任内1835 年 1 月曾短暂缩减至零，但其后很快又增长至数百万美元。资料显示，2014 年以前的 20 年时间里，美国联邦政府依靠税收每年从纳税人那里进账2万多亿美元，但在预算开支完毕后，仅有从1998—2001年的4年间财政略有盈余，其余年份都入不敷出。美国政府只能对外不断借入债务才能维系正常的支出需要，最终在发新债还旧债的道路上越走越远。

美国国债约有25%左右由外国政府持有。外国持有美国国债中，40%左右来自中国和日本，中国是美国国债最大持有国。

美国国债的发行采用定期拍卖的方式。三个月和六个月的国库券每星期一拍卖，一年期的每个月的第三个星期拍卖，国库券都在星期四交割；二年在一月、二月、四月、五月、八月、十月和十一月拍卖，财政部在月中公布拍卖金额，一星期后定价，月底31日左右交割；五年和十年在每季度第二个月（二月、五月、八月和十月）拍卖；三十年每年在二月、八月拍卖一次。五年、十年和三十年国债一般由财政部在月初公布拍卖金额，一星期后定价，月中也就是15日交割。

美国国债所得主要用于以下几个方面：首先是社会保障与医疗保险支出，仅2014财年，联邦财政用于社会保障和医疗保险的支出大约是7500亿美元和4800亿美元，两项合计超过总支出的49%。其次是公共部门雇员的薪酬和福利支出。以目前190万联邦公务员人均7.9万美元的平均薪酬计算，联邦政府仅此一项的财政支出就高达1.5万亿美元，薪酬总量和人均年薪酬都高出私营部门雇员的0.7倍。再次是军费开支。以最近三年而论，美国每年的国防与军事投入都在6000亿美元之上，与10年前相比，美国军费增加的绝对数额至少在1.5万亿美元之上。

2015年2月25日美国相关统计数据表明，外国机构持有美国国债余额为29397.64亿美元。其主要的持有债券品种分类统计数据如表12所示。

表12

单位：百万美元

美联储对持有债券分类结果	金额
一、外国机构持有美国债券余额	3266440
其中：美国可交易国债余额	2939764
联邦机构债券和资产抵押支持债券	283387
其他债券	43289
二、美联储借给交易商债券	13774
其中：隔夜工具	13774
（1）财政部债券	13328
（2）联邦机构债券	445

持有美国国债是目前大多数国家除了美元之外的另一外汇储备选择。主要理由如下：

金融危机风暴的降临推动了美国国债规模的加速发酵，最近五年，美国财政部超发了近 12 万亿美元的国债，与此相呼应，美联储接连推出了三轮量化宽松，其中 QE1 与 QE2 分别购买国债 3000 亿美元和 6000 亿美元，而按照没有设限的 QE3，美联储通过扭转操作每月购买 450 亿美元国债，两年中购债量至少达到 9900 亿美元。受此影响，美联储的资产负债表规模也从危机爆发时的 0.9 万亿美元扩张至目前的 4 万亿美元。美国政府之所以能够大把发债而不担心没有买家，除了美联储能够充当最大的债权人角色外，美元作为全球化信用货币功不可没。“美元是我们的货币，却是你们的问题”，人们都熟悉美国前财政部长康纳利的这句霸道式名言，也从中可以强烈感知美国置于全球所有国家之上的强大金融霸权—铸币权。资料显示，从布雷顿森林体系解体以来 40 年时间中，美元储备占世界所有国家外汇储备仍达 60% 以上，即便是欧元启动后，美元在国际贸易结算中的比重仍维持在 50% 以上。显然，美元不再是单一的主权货币，而是被赋予了全球“信用本位”的职责。美国发行美元，其实就是向世界发行债务。而在以美元为中心的国际货币体系中，全世界中央银行被迫以其手中结余的美元购买大量美国国债和其他金融产品，为美国国际收支赤字和国内预算赤字融资，从而维持了美国债务经济的运行。最新数据显示，目前全球各国中央银行持有美国国债共计4.14万亿美元。

背靠美元货币这一强大经济支撑的同时，发达的金融市场还为美国的对外融资提供了宽阔平台。低储蓄率和高消费是美国最具特色的经济增长方式，这种增长方式与美国金融市场的繁荣直接相关。一方面，依托于完善的资本市场，美国居民大量投资于以股票为主的金融市场债券，而股市繁荣使居民持有的净资产和可支配收入不断增加，可以把当期收入中的更多份额用于消费支出。另一方面，美国发达的金融市场还能为居民提供低成本和极其便利的信贷来源。这样，为了不断刺激和支持借贷消费，美国必须有庞大的借贷资金，为此美国政府必然通过发行国债将流出的美元置换回来，而发达的金融市场无疑为其融资提供了便利，并使美国吸收了大量海外短期和长期投资。

然而，长期的高消费和低储蓄使美国积累了大量经常项目逆差，为此需要通过资本项目顺差来平衡，而资本项目顺差的主要来源之一是存在贸易顺差的国家对美国的资本输出。从目前来看，东亚国家、石油出口国和新兴经济体是美国主要贸易顺差国，这些国家为了大额外汇储备的安全而不得不选择将美元储备继续投入到美国，购买收益相对稳定的美元资产，由此在对美国产生资本流入的同时，自身也演变成美国国债的主要外部持有者。必须看到，资本的流入一方面为美国经常账户逆差提供了大量融资，使得美国经常账户逆差和净资本流入达到相对平衡，另一方面通过压低美国的利率水平，从而降低了美国的负债成本。而正是外部经济体对美国国债的购买力，才使得美国能通过发行国债源源不断地获取外部资本。

储备美国国债是中国外汇储备多元和汇率稳定的重要考虑。理由如下：

购买美国国债是中国实行外汇储备多元化的一个重要部分。是否买、买多少，根据中国的需要，根据外汇安全、保值的要求，而不是根据美国或世界别的国家的要求而定。中国的外汇体制和日本、欧美国家不同。维持人民币币值和汇率的稳定是中国外汇储备的首要任务。外汇储备的形式必须符合安全性，流动性和保值性这三个基本要求。安全性排第一、流动性排第二，保值或增值性排最后。这就决定了中国不能将大部分外汇储备用于购买黄金、石油和矿产等实物。而从目前中国外汇储备结构来看，中国的外汇储备中的大多数并非属于我们自己的财产，还有一部分是属于外国政府和外国商人来华投资的款项，还有大家熟知的“热钱”，当然还有贸易顺差。而在贸易顺差中，有相当部分属于跨国企业的资产。为了维护中国国家信誉，为了维持正常的经济秩序，必须满足中国企业和外商的经常性兑换需求。这同样决定了中国不能将大部分外汇储备用于购买黄金、石油和矿产等实物。从国际外汇实践经验的积累来看，1998 年亚洲金融危机爆发时，东南亚国家抵抗不过索罗斯的对冲基金，就是因为手里的美元储备太少，如果你手里美元多，就可以放出美元，买回本币，这样就可以阻止本币大幅下跌。如果你手里美元不够，不足以吃进对方抛售的本币，那这个国家的本币就得大幅贬值。香港外汇市场因为有中央国库的美元储备保障与支持，所以才没让索罗斯赚到任何便宜。

从目前外汇市场来看，任何外汇储备替代品，美国都可以操纵它的价格，唯独美债。美国国债是美国的命根子。美国和美债的债主们利益一致。尽管美国素有操纵美元汇率和滥发国债的传统，但作为最大的经济体，美国政府不得不付出努力，确保美元和美国国债体系的大体稳定，以维系庞大经济、金融机器的运转。在这方面，美国和包括中国在内的“债主”们利益是一致的。投入美国国债固然要冒外汇储备缩水的风险，要忍受“欠债大爷”的讹诈，但不至于如破产“大限”前的通用或克莱斯勒“债主”那样，面临要么把债券换成一堆废纸般股票、要么干脆连废纸都换不回的无情选择题。

中国目前不能大量抛售美债。中国一旦大幅抛出美债，势必造成其他债主的恐慌，产生足以压垮债券价格的连锁反应，最终吃亏最大的，一是“欠债人”美国，二是“大债主”中国；即使捂着不操作，美国政府依旧会根据自己的利益需要行事，该印钞就印钞，该增发便增发，中国仍无法掌控外汇储备的安全。即使真能抛掉全部美债，但在目前的国际外汇体制下，中国势必无法改变外汇储备以美元为主的现实，结果只能是既做不成债主，又保不住财富。尽管持有美债绝非好的选择，但在目前情势下，却的确是“最不坏的选择”。

中美的经济利益目前是牢牢捆绑在一起的。目前中国是持有美国国债最多的国家，美国同样是中国产品的第一进口大国。从这个层面上来讲，确保美国的金融体系不至于陷入崩溃，同样符合中国的战略利益。一旦美国国债出现违约，中国也将成为直接的受害者。从长远来看，如果美元一家独大的局面被打破，人民币实现自由兑换，中国的外币资产将不会像今天那样以美债为绝对大头。但在现有的国际经济格局下，拥有近 2 万亿美元外汇储备的中国，短期内仍将继续坐稳美国的“头号债主”交椅。

美国财政部 2014 年 12 月 18 日发布数据显示，中国在 2014 年 12 月减持 61 亿美元美国国债，达到 1. 2443 万亿美元，仍为美国最大债权国。中国 2014 年 12 月所持美国国债比前一月的 1. 2504 万亿美元略有减少，这已经是中国自 2014 年 9 月以来连续第四个月减持美债。纵观 2014 年全年，中国所持美债比 2013 年 12 月的 1. 2701 万亿美元减少 258 亿美元。但这种减持完全是外汇市场上面的正常操作。

27. 生涩难懂的经济指标

进行外汇买卖操作必须要对汇率的走势有个基本的判断，而左右汇率变动的主要因素是主权货币国的经济运行状况，这就需要借助于相关的经济指标进行判断和预测。需要说明的是，经济指标在每个国家和经济体都会由于国情和区域经济的不同而出现不同的统计口径与方式，并不存在谁好谁坏的问题。

美国的经济指标主要有：

（1）消费者物价指数：英文缩写为 CPI，是反映与居民生活有关的产品及劳务价格统计出来的物价变动指标，通常作为观察通货膨胀水平的重要指针。消费者物价指数上升太多，有通货膨胀的压力，此时中央银行可能会通过调高利率来加以控制，对一国货币来说是利多。不过，如果消费者物价指数升幅过大，表明通胀已经成为经济不稳定的因素的时候，央行会有紧缩货币政策和财政政策的风险，从而造成经济前景不明朗，因此该指数过高的升幅并不被市场欢迎。通常 CPI 比预期好，则表示美元坚挺，金价将会受到打压、下降。消费者物价指数由美国劳工部每月第三个星期发布。

（2）国内生产总值：英文缩写为 GDP。该指标是宏观经济中最受关注的经济统计数字，因为它被认为是衡量国民经济发展情况最重要的一个指标。GDP 增长速度越快，表明该国经济发展越快，增速越慢，该国经济发展越慢，若 GDP 陷入负增长，则该国毫无疑问的陷入经济衰退。西方国家 GDP 的公布通常分为每月公布和每季公布，其中又以每季公布的 GDP 数据最为重要，投资者应考察该季度 GDP 与前一季度及去年同期数据相比的结果，增速提高，或高于预期，均可视为利好。通常 GDP 比预期的要好，表示美国经济较好，美元走势较好，美元指数上升，金价受到打压。国内生产总值由美国商务部经济分析局逢 1、4、7 及 10 月底时发布，所发布资料为前一季度的先期报告，次月底修正。

（3）生产者物价指数：英文缩写为 PPI。主要用于衡量各种商品在不同生产阶段的价格变化情况，与消费者物价指数一样，通常作为观察通货膨胀水平的重要指标。一般而言，当生产者物价指数增幅很大而且持续加速上升时，该国央行相应的反应是采取加息对策阻止通货膨胀快速上涨，则该国货币升值的可能性增大；反之亦然。通常与美元指数成正比，同样与金价相反。生产者物价指数由美国劳工部在每月的第 13 日左右发布前一月份的资料。

（4）就业报告：美国的就业报告，包括与就业相关的信息，分别由两个独立的调查得出，即企业调查和家庭调查。其中，企业调查提供有关非农业部门的就业情况，平均每小时工作和总小时指数；家庭调查提供有关劳动力、家庭就业和失业率的情况。非农业就业衡量在所有非农工业中有收入人员的数字，如制造业和服务业。

就业报告通常被誉为外汇市场能够做出反应的所有经济指标中的“皇冠上的宝石”，它是市场最为敏感的月度经济指标，投资者通常能从中看到众多市场敏感的信息，其中外汇市场特别重视的是随季节性调整的每月就业人数的变化情况。比如，强劲的非农就业情况表明了一个健康的经济状况，并可能预示着更高的利率，而潜在的高利率促使外汇市场更多地推动该国货币价值，反之亦然。

就业报告同时也统计出失业率、工人平均时薪以及平均每周工时的数据。通常失业率、非农就业人口比预期数值大的话，将会使得美国经济走软，金价上升。就业报告由美国劳工部在每月第一个星期五发布前一月份的统计。

（5）工厂订单：工厂订单包括国内制造商上报的以美元计的新订单、未完成订单和库存，它比提前一周发布的耐用消费品报告更加全面和详细。数据来自各个行业部门，包括总量和专业化综合指标。对每个行业部门都有4项独立的报告项。新订单是各行业和总体需求的有效指标。交货额是以美元计的国内制造商向国内外发货的金额，交货额有效地指示了各行业和总体的供应情况。未完成订单是国内制造商收到的积压而未交付订货，未完成订单反映需求和供给之间的平衡关系，经常用来指示卖方市场。库存是另一项重要的相对需求和供给趋势指针，经常用以指示买方市场。通常比预期要好的话，表示美国经济走好，金价下降。每月第一周择日发布前二月份的数据。

（6）国际贸易：用以衡量美国商品和服务进口与出口的差额。若贸易赤字扩大，预测美国决策者将可能采取行动使美元贬值，改善贸易赤字，对美元是利空。对金价是利好。国际贸易由美国商务部在每月下旬公布前两个月的资料。

（7）净资本流入：净资本流入越多，使得美元指数越高，从而使得金价价格下降。

（8）零售销售：其实是零售销售数额的统计汇总，包括所有主要从事零售业务的商店以现金或信用形式销售的商品价值总额。服务业所发生的费用不包括在零售销售中。用以衡量消费者在零售市场的消费金额变化，但统计内容并不包含服务项目的支出，后者经常占有消费者整体消费金额的一半。一国零售销售的提升，代表该国消费支出的增加，经济情况好转，利率可能会被调高，对该国货币有利，对金价则是利空；反之如果零售销售下降，则代表景气趋缓或不佳，利率可能调降，对该国货币偏向利空，对金价则是利好。零售销售由美国商务部在每月的第 12 日左右发布前一月份的资料，一个月后再发布修正数据。

（9）领先指数：是预测未来经济发展情况的。领先指数由众多要素构成，涉及国民经济的诸多方面，以美国的领先指数为例，主要包括下列要素：制造业平均每周工作量；平均周申请失业金人数；制造商新增消费品和原材料订单；卖主工厂延迟交货的百分比；工厂和设备的合同、订单；新增私人投资的营建许可；M2 货币供应量；标准普尔 500

股票指数及股息收益；密歇根消费者信心指数；生产成本与卖价间的差额。倘若这些要素有多数向好，则可提前预期领先指数将会上升。领先指标复合指数根据10项用以预测近期经济走向的重要经济数据加权平均得出。该指数通常在经济紧缩前下降，而在经济扩张开始前上升。该指数中包含的指标按照重要程度排列如下：10年期国债与联邦基金利率差，广义货币（M2）供给，制造业平均每周工作时间，制造业接到的消费品新订单，标准普尔500指数，每周平均首次申领失业保险金人数，ISM指数中的卖方表现部分，房屋开工许可，消费者信心，制造商接到的非军用资本货物新订单。一个常用的基本经验是，该指数连续3个月下滑表明经济将陷入衰退。领先指数每月月末发布前一月份的数据。

（10）采购经理人指数：是衡量制造业在生产、新订单、商品价格、存货、雇员、订单交货、新出口订单和进口等八个范围的状况。采购经理人指数是以百分比来表示，常以50%作为经济强弱的分界点：即当指数高于50%时，被解释为经济扩张的讯号，对黄金则是利空；当指数低于50%，尤其是非常接近40%时，则有经济萧条的忧虑，对黄金则是利好；它是领先指标中一项非常重要的附属指标，衡量美国制造业的景气现况。如果指数超过 50 便意味制造业仍继续扩张，反之表示陷入衰退。采购经理人指数由全国采购经理人协会逢每月第一个工作日发布前一月份的资料。

（11）首次申请失业救济金人数：申领失业保险金人数反映的是各州失业救助机构前排队申领失业保险金的人的多少，首次申领或持续申领的人数也同样重要。该报告不是按测算的劳动力总量计算正在工作（或没有工作）的人的百分比的总数，它是统计现在正在排队等候领取失业保险金的人数。该项指标越低，说明劳动力市场改善，对经济增长的前景乐观，则对黄金利空；相反，申领保险金人数越多，经济增长前景不容乐观，则对黄金利好。首次申请失业救济金人数在每周四发布截至前一周周六的资料。

日本是一个产品严重依赖国外市场的国家，其在国际市场的竞争能力备受国内关注。因而其经济指标的组成与美国有着很大的不同。日本的经济指标包含滞后、同步、领先三个大类。

（1）日本的滞后指标：雇佣保险领取者数、固定雇佣人数（制造业）、法人事业税调整额、借贷平均利息（地方银行）、家庭消费支出、消费者物价指数。其中雇佣保险领取者数为反向指标。

（2）日本的同步指标：矿业工业生产指数、大宗电力使用量、进口通关业绩、有效聘用比率、建筑开工面积（矿业、工业）、零售店销售额、参观水族馆人数。

（3）日本的领先指标：额定外劳动时间指数、新雇佣人数、企业倒闭指数、住宅开工指数、矿工业库存指数、银行借贷平均余额指数，其中企业倒闭指数和矿工业库存指数是反向指数。

欧盟的经济指标组成受美国影响较大，同时德国是欧洲经济的领头羊。因而欧盟的经济指标有许多与美国类同，但同时又把德国看得很重。主要经济指标如下：

（1）领先经济指标：由 IFO、ZEW、PMI 三项指标构成。IFO 通过对生产、价格、订单和库存水平分析生产企业现况和前景；IFO 由两个指标组成：现况指标和预期指标，其中预期指标是衡量制造业生产前景的优良指标。IFO 每月最后一个星期三发布。ZEW 与 IFO 类似，是研究利率、通胀、股票指数、汇率和企业未来盈利能力的经济指标。该指标是与制造业生产数据有很强相关性的领先经济指标。ZEW 每月 15 日发布。欧元区采购经理指数，即欧元区 PMI 反映着欧元区采购经理信心程度。涉及生产、订单、就业等等。该指数与国内生产总值有强相关性，在欧洲地区被广泛采用。每月结束之后第一个工作日发布。

（2）德国工业订单：指德国生产业接收到的订单（建筑业除外）。该指数能反映工业景气度的季节性变化。能通过该指数预计订单总数和国内生产总值的变化。该项指标每月第一个星期发布下月数据。

（3）德国新增失业数和失业率：统计失业者（每星期工作时间低于 15 小时）总数。能通过该指数估计因工资产生的通胀压力，以及总体工资上涨幅度，购买力和消费水平。没有调查养老金情况，因此市场关联性有限。该项指标每月月底发布。

（4）CPI 6 lander：统计德国 6 个主要州分消费者物价指数（在 6 个州分别发布自己的物价报告后发布）。该指数能代表整个德国的消费物价水平。能通过报告中的通胀率推测欧洲通胀水平。该项指标每月最后一个星期发布。

（5）CPI 欧元区快速预测：通过预期价格水平粗略推测欧元区的通胀水平。反映消费物价水平的季节性波动。每月最后一日发布。

（6）最终欧元区消费者物价指数：该指数为欧元区通胀浮动利率债券提供可靠认证（烟草、

食品和能源除外）。每月结束两个星期之后发布。

（7）欧洲央行会议及新闻发布会：欧洲央行会议和新闻发布会每个月举行。而为了稳定物价，会议会决定主导利率水平。同时讨论和分析经济和货币政策。该指标能反映增长和通胀，每月第一个星期四发布。

英国主要经济指标提供如下：

（1）国内生产总值 GDP：是反映英国生产水平最重要的指标。每季度最后一个月的月末发布上季度数据。

（2）英国皇家采购与供应：该项指标涉及生产、建筑、服务三个领域的经理采购指数。生产采购经理人指数：调查生产业企业的生产情况，工人就业情况和订单情况；建造业采购经理人指数：调查建造业企业的生产情况，主要涉及短期建造业工人就业情况；服务业采购经理人指数：调查服务业增长情况和就业情况。三个指标分别于每月第一至第三个工作日发布。

（3）劳工市场数据：衡量活跃与非活跃人数及其比例，就业与失业比例和平均工资。为英格兰银行提供研究通货膨胀和工资水平的有用数据。通过该指标预测未来消费和通胀。每月月中发布。

（4）消费者物价指数 CPI：衡量通胀水平。英格兰银行定下 2% 的目标通胀水平。

（5）零售价格指数 RPI：衡量零售商品价格水平。该指数影响货币价格货币政策的制定，其中 CPI 的影响力最大（CPI 结合其他指标能为未来通胀的预测提供准确依据）。每月月中发布。

（6）全国和副总统办公室指标：该指数反映了消费和房地产价格的联系，能很好地反映消费和生产的发展。该项指标每月发布。

（7）英格兰银行会议纪要和英格兰银行通胀报告：前者分析货币政策委员会提供的经济状况报告和由该报告提出的货币政策；后者为市场未来走势判断提供准确依据，在中短期内对市场走势有重要影响。每月下半月发布。

28. 汇率善变

汇率每天每时都在变。这种变化甚至是大幅度变化即受到诸如购买力平价、国际收支、通货膨胀、利率水平和经济增长的影响，同时还会受到政治和新闻因素、货币管理当局的干预、投资者心理预期、投机大量存在的左右。其中的购买力平价的含义非常易懂：1 罐可乐，在法国要 2 欧元，而在美国要 3 美元。如果以购买力为基础，那么 2 欧元就与 3 美元等值，欧元兑换美元的比例是1∶1.5。两国购买力就是两国汇率的基础。购买力平价解释两种货币的汇率应该等于这两个国家物价水平的比例。通货膨胀对汇率作用机制是物价水平持续上涨会导致本币购买力水平相对下降，并促使外汇汇率上涨，否则就相反。利率的作用机制是一国加息会引发资本流入，从而造成对该国货币需求增加并导致该国汇率上涨。而经济的增长会带来劳动生产率和收入的增长、促使出口增加并快于进口增长的规模，最终会导致汇率的趋稳或上升。

按照国际惯例，用红、绿、黄三种颜色来表示汇率的变化性质：红色表示下跌、绿色表示上升、黄色表示持平。欧洲传统把红色看作是代表亏损的“赤字”，因而用红字表示汇率的下跌。但中国人认为红色代表吉祥和喜庆，因而规定红色表示上涨、绿色表示下跌、唯有黄色代表持平与西方人相同。新加坡汇率表示方法和我国是相同的。在外汇市场中，上涨或下跌都是相对报价中的前一种货币而言的。例如欧元兑美元的报价是红色，即表示与上一次报价相比，欧元兑美元的价格上涨了，即用单位欧元可以换到更多的美元；反之，欧元兑美元的报价是绿色，即表示与上一次报价相比，欧元兑美元的价格下跌了，即用单位欧元只能换到更少的美元。特别注意的是，看国内即时传送的汇率报价资料和看国外即时报送的汇率报价资料应该是正好相反。

做外汇交易必须要注意全球外汇交易这几个重叠的时间段：亚洲和欧洲的外汇交易重叠时间（北京时间 15:00 - 16:00 左右）、欧洲和北美的外汇交易重叠时间（北京时间20:00－24:00）；伦敦和纽约外汇交易的重叠时间（北京时间20:00－24:00）。同时还要注意每周的中间时段（北京时间周二至周四之间）。这些重叠的时间段和每周的北京时间周二至周四之间，是交易最集中、规模最大、同时汇率变动最频繁的时间区间。

伴随着重大事件发生而带来的汇率变化不倡议投资者进行相应的外汇交易。周末出乎意料的消息而带来的汇率变化也不建议投资者进行外汇交易，因为风险会非常大。

汇率发展的动向数据会集中形成汇率的走势图。汇率走势图会帮助投资者进行相关外汇汇率走向的分析与判断，在投资者的分析中非常重要。新浪财经、搜狐财经、中国人民银行、网易财经等网站都会有相应的外汇汇率走势图供投资者分析使用。

这里需要说明的是，对于汇率升降所带来的好处或灾难，有比较常规的解释或占大多数的流行观点，但也有不少例外。2015 年 3 月英国《金融时报》报道称，在遭遇令人失望的经济增长率之后，一些全球最大经济体的政策制定者诉诸于汇率贬值手段，寄望于这将激发出口拉动的经济复苏。首先是日本，自日本央行在 2013 年 4 月推出庞大的资

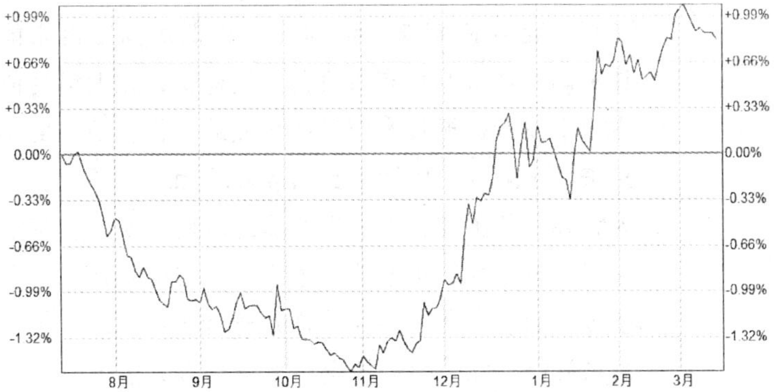

资料来源：新浪财经。

2014 年 8 月 –2015 年 3 月美元兑人民币汇率走势图

产购买计划以来，日元兑美元汇率下跌了 20% 以上。其次是欧元区。由于欧洲央行自己的宽松举措，欧元汇率在过去一年也下跌了差不多 20%。甚至北京方面继去年下半年让人民币对美元升值之后，现在也可能悄悄决定让人民币贬值。这些举动背后的逻辑是，货币贬值应该在两个方面有助于提振国内生产商：一是贬值将让进口成本上升，从而导致消费者放弃外国商品，转而购买国产产品；二是贬值应会让出口价格相对便宜，有助于公司在国外找到新的客户。世界银行的普纳姆·古普塔表示："汇率贬值对经济的净影响是经济增长改善"。然而，从许多富裕经济体的经历来看，人们不再相信汇率贬值的效力。在金融危机期间，英镑兑一篮子货币贬值逾 25%。但即便这种贬值幅度也未能让英国的经常账户有所改善。同样，日元大幅贬值也几乎没有提振日本商品在海外的销售表现，倒是招来潮水般的中国游客到日本游玩和“扫货”。有人解释是英国和日本货币贬值的时机不太对。英镑大幅贬值之际，正值英国主要出口市场欧元区进入了漫长的衰退期。同样，日元贬值之际，正值亚洲需求放缓之际。他们提出，如果没有大幅贬值，英国和日本的出口表现甚至会更加糟糕。另一种更令人沮丧的说法是，随着出口公司产能提高并进入市场更高端领域，它们利用汇率贬值增加海外市场份额的意愿下降。企业家宁愿保持价格不变以赚取更高利润，也不愿通过降价寻求新的客户。比利时、法国和阿根廷公司的定价行为恰好证明了这一点。

29.

美元、国际金价和国际油价之间是个什么关系

黄金、黑金（石油）与美金在世界经济的发展过程中一直备受人们关注，而三者之间又有着内在的联系。

石油又称原油，是从地下深处开采的棕黑色可燃粘稠液体。是古代海洋或湖泊中的生物经过漫长的演化形成的混合物，主要被提炼成燃油和汽油产品。燃料油和汽油组成目前世界上最重要的一次能源之一。石油也是许多化学工业产品如溶液、化肥、杀虫剂和塑料等的原料。原油的分布从总体上来看，波斯湾和墨西哥湾两大油区和北非油区集中了51.3%的世界石油储量；主要的产油国有沙特阿拉伯、俄罗斯、阿联酋、科威特、伊拉克、伊朗、委内瑞拉等国家。

黄金稀有性使黄金十分珍贵，黄金的稳定性使黄金便于保存，所以黄金不仅成为人类的物质财富，而且成为人类储藏财富的重要手段。黄金也是近代工业文明的物质基础。十六世纪新航线的开辟与新大陆的发现，对欧洲经济生活产生了巨大的影响，其中美洲、非洲的黄金及白银流入欧洲，使欧洲资本主义的原始积累增加。当代黄金所扮演的角色虽已有所改变，但是各国仍然储备了约 3.1 万吨的黄金财富，以备不测之需；还有 2 万多吨黄金是私人拥有的投资财富。所以有人认为现在人类数千年生产的约 14 万吨黄金中有四成左右作为金融资产，存在于金融领域，六成左右是用于消费。

美元与石油呈负相关关系。石油是目前世界上最重要的商品之一。在许多军事冲突中占据石油来源是一个重要因素。石油以其无可代替的战略价值赢得了“黑金的美誉”，谁拥有了石油谁就能在国际经济激烈竞争当中拥有更多胜算的筹码，20世纪六七十年代，美国政府宣布美元与黄金脱钩后，美国政府以支持沙特王室的封建统治，不推翻沙特王室为代价，让沙特的石油以美元支付，美国政府又通过其强大的军事实力，把全球近70%的石油资源及主要石油运输通道置于其掌控之下，从而控制了全球石油的供应，而国际大宗物资包括石油的结算是通过美元来实现的，因此可以说拥有美元铸币权和美元定价权的美国实际上掌握了石油的价格，而世界上大部分的石油也因此成了美元的一种载体。当美元贬值，单位石油承载的美元就比原来的量要多了，石油价格自然会上涨。反之亦然。总的来说，美元与石油价格是异向的变动关系，即美元贬值就会引起油价上涨，美元升值引起油价下跌。

美元与黄金呈负相关关系。黄金在金融领域的主要用途和功能是用作国际储备，承担保值和避险工具。目前黄金仍承担着国际结算货币的角色。凯恩斯指出：黄金在我们的制度中具有重要的作用。它作为最后的卫兵和紧急需要时的储备金，还没有任何其他的东西可以取代它。在现阶段，黄金可视为一种准货币。黄金价值稳定、流动性高，是对付通货膨胀的有效手段。美元与黄金呈负相关的具体理由如下：

第一，美元是当前国际货币体系的柱石，美元和黄金同为最重要的储备资产，美元的坚挺和稳定会削弱黄金作为储备资产和保值功能的地位。最有利的证据是，20 世纪 80 年代，各国中央银行开始重新看待黄金在外汇储备中的作用。中央银行日渐独立以及日益市场化，使其更加强调储备资产组合的收益。在这种背景下，没有任何利息收入的黄金地位有所下降。部分中央银行决定减少黄金储备。正是由于主要国家抛售黄金，导致当时金价处于低迷。这种情形直至 90 年代。进入 21 世纪，由于主要西方国家对黄金抛售量达成售金协议规定成员每年售金量不超过 400 吨，同时，对投放市场的黄金总量设定了上限，亚洲国家在调整它们的外汇储备方面增加了黄金在外汇储备中的比例，金价开始回升。但 2013 年末由于美国开始结束量化宽松政策，使得美元币值开始稳健回升，国际金价又开始进入下行通道。进入 2015 年后，黄金受到美元贬值的影响而开始逐步价格回升。

第二，美国 GDP 仍占世界 GDP 总额的大部分，对外贸易总额位居世界第一，世界经济深受其影响，而黄金价格显然与世界经济好坏成反比例关系。

第三，世界黄金市场一般都以美元标价，这样美元贬值势必导致金价上涨。由于黄金市场价格是以美元标价的，美元升值会促使黄金价格下跌，而美元贬值又会推动黄金价格上涨。美元强弱在黄金价格方面会产生非常重大的影响。美元坚挺一般代表美国国内经济形势良好，美国国内股票和债券将得到投资人竞相追捧，黄金作为价值贮藏手段的功能受到削弱；而美元汇率下降则往往与通货膨胀、股市低迷等有关，黄金的保值功能又再次体现。这是因为，美元贬值往往与通货膨胀有关，而黄金价值含量较高，在美元贬值和通货膨胀加剧时往往会刺激对黄金保值和投机性需求上升。回顾过去 20 年历史，美元对其他西方货币坚挺，则国际市场上金价下跌，如果美元小幅贬值，则金价就会逐渐回升。

第四，从黄金的需求方面来看，由于黄金是用美元计价，当美元贬值，使用其他货币例如欧元的投资者就会发现他们使用欧元购买黄金时，等量资金可以买到更多的黄金，从而刺激需求，导致黄金的需求量增加，进而推动金价走高。相反的，如果美元升值，对于使用其他货币的投资者来说，金价变贵了，这样就抑制了他们的消费，需求减少导致金价下跌。

第五，从黄金生产来看，多数黄金矿山都在美国以外，美元的升值或贬值对于黄金生产商的利益产生了一定影响。因为金矿的生产成本以本国货币计算，而金价以美元计算，所以当美元贬值时，相当于美国以外的生产商的生产成本提高了，而出口换回的本国货币减少使利润减少，打击了生产商的积极性。南非金矿在 2003 年就是由于本币对美元升值幅度大于黄金价格的上涨幅度，导致黄金矿山非但没有盈利反而陷入亏损的艰难局面，这样最终导致黄金产量下降，供给减少必然抬升金价。

另外，美元的升值贬值或代表着人们对美元的预期。美元升值，说明人们对美元的预期增强，从而增加对美元的持有，相对而言减少对黄金的持有，从而导致黄金价格下跌，反之，美元贬值则导致美元价格上升。2007 年美国爆发次贷危机，美元加速贬值，黄金投资的规模也出现创纪录的高点。值得注意的是，我们所说的美元与黄金的负相关性质是从长期的趋势来看的，从短期情况来看，也不排除例外情况。如 2005 年便出现了美元与黄金同步上涨的局面，之所以会出现这种情况，最主要的原因是欧洲出现的政治和经济动荡：一体化进程由于法国公投的失败而面临崩溃的危机，欧洲经济一直徘徊不前，英国经济发展出现停滞和倒退，原本应该通过降息来刺激经济的欧央行受到美元升息拉大美元与欧元的利率差的羁绊而左右为难，只能勉强维持现行利息水平，英国央行为了刺激经济而调低利率，欧元和英镑因此而受到市场抛售，投资者短期内只能重新回到美元和黄金市场寻求避险推动了美元和黄金的同步走高。

黄金与石油的正相关关系。黄金和石油作为非可再生资源，其作用和地位在当今乃至未来都相当重要。目前石油和黄金被世界各国当作本国的战略物资进行战略储备。石油和黄金在国际市场上都是以美元作为结算货币，美元走势的涨跌会对石油和黄金价格的升降有影响。油价的波动会对世界经济尤其是经济总量和原油消费世界第一的美国的经济发展带来直接的影响，美国的经济走势又直接影响美元的升跌，从而引起用美元结算的黄金和石油等重要物资的价格涨跌。据国际货币基金组织估算，油价每上涨 5 美元，将削减全球经济增长率约 0. 3 个百分点，美国经济增长率则可能下降约 0. 4 个百分点。当油价连续飙升时，国际货币基金组织也随即调低未来经济增长的预期。油价已经成为全球经济的“晴雨表”，高油价也意味着经济增长不确定性增加以及通胀预期逐步升温，继而推升黄金价格。因此黄金与石油之间存在着正相关的关系，也就是说黄金价格和石油价格通常是正向变动的。石油价格的上升预示着黄金价格也要上升，石油价格下跌预示着黄金价格也要下跌的。

从中长期来看，黄金与原油波动趋势是基本一致的，只是大小幅度有所区别。在过去四十多年里，黄金与石油按美金计价的价格波动相对平稳，黄金平均价格约为 300 美元/盎司，石油的平均价格为 20 美元/桶左右。黄金与黑金的兑换关系平均为 1 盎司黄金兑换约 16 桶石油。在 20 世纪 70 年代初期，1 盎司黄金兑换约 10 桶原油，在布雷顿森林体系解体后，黄金与石油曾达到了 1 盎司黄金兑换 30 桶以上的石油，随后，在整个 70 年代中期到 80 年代中期，尽管中间黄金与石油的价格都出现过大幅的上涨，但两者关系仍保持在 10～20 倍之间。80 年代中期以后，石油价格骤跌，一度又达到 1 盎司黄金兑换约 30 桶原油的水平。2005 年开始油价上涨，按 2005 年的石油平均价格 56 美元/桶和国际黄金价格均价 445 美元/盎司计算，这个比例平均大约维持在 1 盎司黄金兑换 8 桶石油的水平。但到了 2012 年 10 月，1 盎司黄金兑换约 20 桶石油创下了当年最高水平。而 2014 年 3 月 1 盎司黄金兑换约 23 桶石油是 1998 年 1 月以来的最高水平，当时的俄罗斯出现了债务违约。从目前石油与黄金的兑换历史数据来看，黄金价格依然有上升空间。

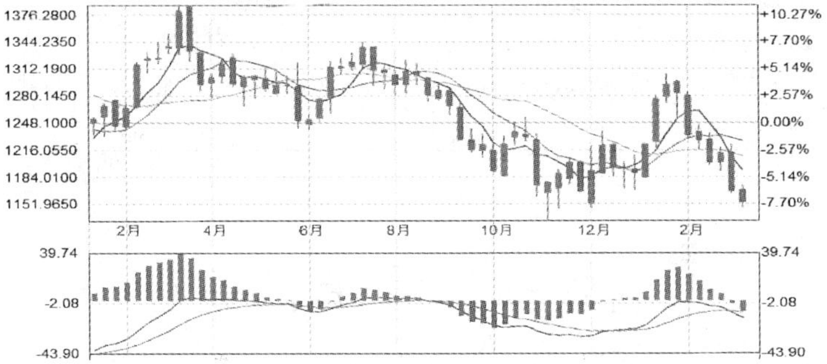

资料来源：和讯网。

2014 年 2 月至 2015 年 3 月国际黄金价格走势图

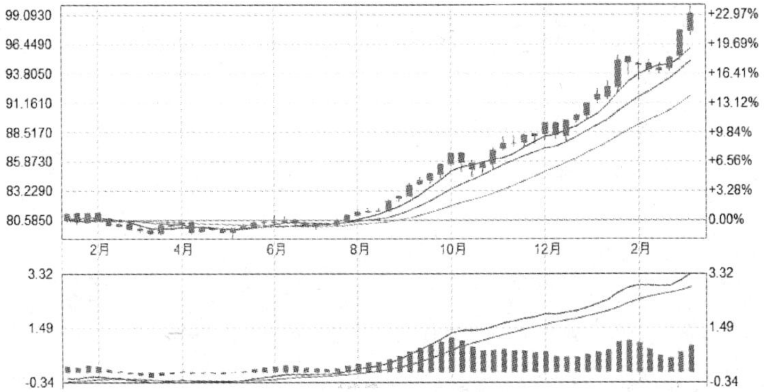

资料来源：和讯网。

2014 年 2 月至 2015 年 2 月美元指数走势图

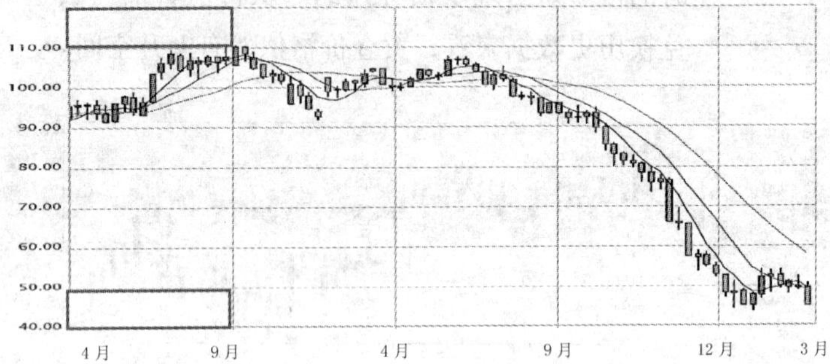

资料来源：汇通网。

2014 年 4 月至 2015 年 3 月美国石油价格走势图

30. 炒外汇事先做功课

据说左宗棠第一次面见皇帝之前做足了功课，皇帝的生活起居、甚至连皇帝在哪个殿召见他、那个殿里有什么摆设都了如指掌。等到皇帝召见时，左宗棠就先从皇帝身边的一副对联讲起，直至袒露自己的报国大志。左宗棠是清末著名的大臣，即使昏庸腐败的慈禧也感慨说下“三十年不许奏左”的话。同样道理，进入汇市需要事先做好功课。

在我国，外汇交易参与的对象分为居民和非居民两类，其中居民包括有普通居民个人和军人。

目前，我国部分商业银行开办的个人外汇买卖业务均为个人实名交易，因而投资者开立的个人外币存款账户必须与其合法有效的身份证明相一致。也就是说，开户时，投资者必须持自己的身份证件及外币存款证明或外币到银行指定的营业网点办理。居民个人凭居民身份证，军人凭军官证或士兵证，非居民凭护照或其他有效身份证件，到任何一家开办外汇买卖业务的银行营业网点办理外币交易账户的开户手续。所办的交易账户其实就是外币现钞或现汇存款账户，而且多是一折多币的“一本通”账户，即本外币存款、现汇现钞一折通用。随着银行卡业务的不断扩大和网络技术的发展，投资者还可以办理借记卡，向银行申请开通外汇交易账户即可进行外汇买卖。

对同一种货币，各银行的报价均是以国际外汇市场行情为基础加减一定的点数而形成的，但不同银行所报的买卖价差会有所差异。根据交易量的不同，各银行均可以给予客户一定的点差优惠。一种是以单笔交易的金额大小来决定实际点差，如交通银行规定在直盘交易中，交易额在3000美元以下的为普通点差；交易额在3000美元以上至5000美元之间，点差为普通点差的70%；交易额在10000美元以上至50000美元之间、50000美元以上至100000美元之间、超过100000美元的点差，分别为普通点差的60%、50%、40%。而在中国银行、中国工商银行、中国建设银行的外汇交易系统中，其每次的交易都可以根据交易金额的大小选择合适的点差档。另一种点差优惠方式为按照累积交易量的不同，客户适用不同的点差，如中国平安银行的外汇交易平台上，每笔交易均可以为客户累积积分，1 万美元的交易量可累积 1 分，当积分达到 1 万分的时候，可享受系统给予的优惠点差。

银行会在营业大厅或网站公布当日外汇买卖交易行情表。除了买入价和卖出价是客户即时买卖外汇的价格外，行情表中还会列出其他一些价格来作为客户分析外汇行情时的重要参考。目前银行可以交易的货币对列表中，都分为直盘和交叉盘两个部分。其中，直盘是含有美元的交易货币对，交叉盘是不含美元的交易货币对，其汇率是根据直盘汇率套算而得出。货币对中的前一种货币称作基础货币，后一种货币为报价货币。所有的报价均是指银行买卖基础货币的价格。中间价是银行买入价和卖出价的平均值，并不是实际交易的价格，主要用于汇率变动趋势的分析。最高价是一个交易日内成交的最高汇率；最低价是一个交易日内成交的最低汇率。

表 13　2015 年 3 月 16 日 9 点 52 分左右国内银行外汇交易直盘和交叉盘报价行情表

币种对	现价	涨幅	涨跌	开盘	最高	最低	振幅	买价/卖价	时间
澳元加元	0.9784	0.28	0.0023	0.9757	0.9790	0.9753	0.38	0.9784/0.9793	9:52:20
澳元瑞郎	0.7682	0.30	0.0009	0.7659	0.7690	0.7656	0.44	0.7682/0.7690	9:52:20
澳元欧元	0.7267	0.08	−0.0007	0.7261	0.7274	0.7259	0.21	0.7267/0.7271	9:52:20
澳元港元	5.9431	0.49	0.0136	5.9139	5.9468	5.9123	0.58	5.9431/5.9455	9:52:20
澳元日元	92.7800	0.44	0.0900	92.3700	92.8700	92.3500	0.56	92.7800/92.8600	9:52:21
澳元美元	0.7653	0.51	0.0017	0.7614	0.7658	0.7612	0.60	0.7653/0.7656	9:52:20
加元港元	6.0712	0.22	−0.0011	6.0581	6.0734	6.0581	0.25	6.0712/6.0741	9:52:20
加元日元	94.7900	0.18	−0.1300	94.6200	94.8600	94.6200	0.25	94.7900/94.8700	9:52:21
瑞郎加元	1.2728	0.08	0.0009	1.2718	1.2749	1.2711	0.30	1.2728/1.2743	9:52:20
瑞郎港元	7.7309	0.19	0.0043	7.7162	7.7387	7.7085	0.39	7.7309/7.7364	9:52:20
瑞郎日元	120.7000	0.25	−0.0800	120.4000	120.9100	120.4000	0.42	120.7000/120.8300	9:52:21
欧元澳元	1.3753	−0.05	0.0020	1.3760	1.3767	1.3739	0.20	1.3753/1.3761	9:52:20
欧元加元	1.3461	0.22	0.0049	1.3432	1.3470	1.3426	0.33	1.3461/1.3470	9:52:20

续表

币种对	现价	涨幅	涨跌	开盘	最高	最低	振幅	买价/卖价	时间
欧元瑞郎	1.0569	0.24	0.0027	1.0544	1.0577	1.0538	0.37	1.0569/1.0578	9:52:19
欧元英镑	0.7131	0.38	0.0017	0.7104	0.7131	0.7103	0.39	0.7131/0.7132	9:52:19
欧元港元	8.1765	0.43	0.0293	8.1415	8.1802	8.1415	0.48	8.1765/8.1782	9:52:20
欧元日元	127.6500	0.38	0.3000	127.1700	127.7500	127.1700	0.46	127.6500/127.7300	9:52:21
欧元美元	1.0529	0.45	0.0037	1.0482	1.0534	1.0482	0.50	1.0529/1.0531	9:52:14
英镑澳元	1.9286	-0.39	-0.0011	1.9362	1.9370	1.9273	0.50	1.9286/1.9294	9:52:20
英镑加元	1.8877	-0.13	0.0031	1.8901	1.8907	1.8871	0.19	1.8877/1.8887	9:52:20
英镑瑞郎	1.4821	-0.11	0.0007	1.4837	1.4849	1.4805	0.30	1.4821/1.4832	9:52:19
英镑港元	11.4660	0.08	0.0179	11.4560	11.4700	11.4520	0.15	11.4660/11.4670	9:52:20
英镑日元	179.0100	0.03	0.0600	178.9500	179.1500	178.9400	0.12	179.0100/179.1000	9:52:21
英镑美元	1.4765	0.10	0.0022	1.4750	1.4771	1.4747	0.16	1.4765/1.4766	9:52:19
港元日元	15.6120	-0.05	-0.0171	15.6190	15.6350	15.6090	0.17	15.6120/15.6180	9:52:21

资料来源:和讯网。

目前国内银行个人外汇买卖实盘交易提供的交易渠道主要有网上银行、电话银行、手机银行、柜台交易、银行网点自助终端设备。网上银行的外汇买卖主要有即时买卖和委托买卖两大类。

即时买卖是以实时报价完成外汇买卖交易，成交汇率就是当前的市场汇率。交易者只要输入买卖的货币对、交易的金额、然后确定交易即可。系统会自动按即时行情价格成交。

委托买卖是交易者自行设定交易汇率，当市场汇率的变动达到交易者设定的价位范围时就成交。在有些银行提供的交易平台中又称委托交易为挂单交易或挂单委托。挂单委托有获利委托、止损委托、双向委托和追加委托。获利委托是当市场达到投资者指定的较好价位时进行交易；止损委托是当市场达到投资者指定的较差价位时进行交易；双向委托可以同时设定获利和止损价，当市场汇率达到指定价位时委托的一半将被执行，同时剩余的委托部分将被取消。追加委托是在与其相关联的原委托成交后随即生效的委托，其交易方向与原委托的交易方向相反，卖出金额是原委托的买入金额。

现代外汇市场由于通讯手段高度发达，再加上各国金融市场的关联度愈来愈密切、交易技术日臻完善，因而当出现任何微小的盈利机会时，都会立刻引起热钱的大规模国际移动并迅速将这种盈利的机会消亡。因而谁最先获得有关预期的新闻或信息，谁就可能趁其他投资者还尚未了解实情之前立即作出反应并获得盈利。美联社、路通社、德励财经资讯的实时报道大家就要时刻关注和分析，从中发现盈利的机会。目前能够提供经济信息的网站主要有：新浪财经、和讯、腾讯财经、网易财经、凤凰财经、搜狐财经、金融界、华讯财经、FX168、汇博资讯、财经日历、外汇通等。当然，许多专业的外汇交易软件还会提供经济数据信息。同时，国内主流媒体对汇率走势做出预测判断的汇评也对投资者进行汇率判断提供重要帮助。网上的汇评信息目前十分丰富，但主要的还是形成自己的观点。

既然加入了“炒汇”的队伍，就要有承受亏损甚至是巨额亏损的良好心态。银行在与投资者签订个人实盘外汇买卖协议书之前，也需要对客户进行必要的心理测试并提出重要的建议。实践中大家都感觉急性子人和慢性子人都不会在投资交易中有较好的表现。

31.
传说中的技术分析

外汇交易的技术分析一直是争议不断，因为至今而止还没有一个靠技术分析频频得手的战将充分说明技术分析的重要。外汇投资技术分析的基本假设就是市场包容和消化一切，但这几乎是不能成立的条件。技术分析虽被看作投资者必须掌握的本事，但有许多不怎么懂技术的投资者同样玩得很好。技术分析的方法就目前来讲，主流方法仍是围绕着日本人发明的K线分析来进行的。特别是K线组合和形态分析。技术分析的基本原则是：

长期比短期更重要。短期的走势是在相对较小的区间中运动，容易受到各种各样因素的影响而随时变化，故投资者把握汇价的短期走势难度较大，容易陷入繁多的影响因素中。如果在分析短期汇价走势前对长期的走势有一个透彻的认识，投资者就可以俯瞰短期走势，抓住主要矛盾，做出正确的分析判断。

位置比形态更重要。技术分析有无数的法则。但如果这些法则不结合位置形态来分析，那么这些法则就都成了空中楼阁，没有任何的意义。“头肩底”形态是一个非常经典的底部反转形态，它通常出现在汇价的底部区域，但如果在汇价的高价区出现一个“头肩底”形态，那么成熟的投资者宁可退出市场观望，也决不会相信此形态。因为“在高位最可能出现头部，在低部最可能出现底部”是最朴素也是最有效的投资规律。

趋势比位置更重要。汇价的高低不重要，汇价的趋势才是最重要的。也许汇价已经达到很高或很低的区域，但只要投资者能够准确判断汇价的趋势，就仍然可以买进或者持有。投资者要分析的最重要也是最难的就是分析市场的走势方向。

组合 K 线形态分析：

(1) 锤子线和上吊线。K 线的小实体在交易区域上部。下影线长度应该比实体长度长得多，一般为 2 ~3 倍。没有上影线，或者很短。不同的是，锤子线出现在近期市价的底部，表示汇价有可能回升；而上吊线出现在近期市价的顶部，表示汇价有可能回落。锤子线和上吊线如下图所示。

（2）倒锤线和射击之星。小 K 线的实体部分在汇价位置的底部。上影线的长度通常是实体长度的 2～3 倍。下影线没有，或者很短。不同的是，倒锤线出现在近期市价的底部，表示汇价有可能回升；而射击之星线出现在近期市价的顶部，表示汇价有可能回落。严格意义上此二者形态反转强度不如上吊线和锤子线大，此反转形态的确立，必须结合第二天的 K 线及其他分析指标验证。倒锤线和射击之星如下图所示。

（3）看跌吞没和看涨吞没形态。在吞没形态之前，市场应有清晰的上升或下降走势。吞没形态由 2 支蜡烛线组成，第二支的实体必须覆盖第一支的实体，且两者颜色相反。看跌吞没和看涨吞没形态如下图所示。

（4）十字星形态。十字星是一种特殊的 K 线形态，它表示着这一时间段内汇价开盘价与收盘价相同，形态上表示为一条直线。此形态的出现说明多空双方争夺激烈，互不相让。上下影线的长度对形态也具有非常重要的指导意义，通常影线越长，表示多空双方争夺越激烈；行情一旦确认，汇价的趋势发展时间也会越长。十字星通常有两种作用：确认行情和确认反转，两种情况下分别称之为“整固十字星”和“反转十字星”。反转十字星的规模比整固十字星大（即上下影线较长），多出现在顶部或底部。整固十字星形态较小，上下影线较短，多出现在趋势中部。十字星如下图所示。

（5）黄昏之星和黎明之星。在黄昏之星下，第一天必须是阳线，并且这根阳线处于上升趋势中；第二天是星形线（实体和上下影线都跟小的 K 线），而星形线本身是阴线还是阳线并不重要，重

要的是实体与第一天的阳线实体之间存在窗口跳空；或者第二天的实体部分很小，汇价当天在很高的范围内波动；第三天必须是阴线，阴线实体必须推入到第二天的星线实体内部，若存在窗口跳空的话，则反转的意义更大。黎明之星正好相反，第一天必须是阴线，并且这根阴线处于下跌趋势中；第二天是星形线（实体和上下影线都很小的K线），而星形线本身是阴线还是阳线并不重要，重要的是实体与第一天的阴线实体之间存在窗口跳空；或者第二天的实体部分很小，汇价当天在很高的范围内波动；第三天必须是阳线，阳线实体必须推入到第一天的阴线实体内部，若存在窗口跳空的话，则反转的意义更大。黄昏之星和黎明之星如下图所示。

（6）上升三法和下降三法。大阳线的形成代表了当前的趋势。大阳线后被一组小实体的K线相跟随，小K线可以是阴线还可以是阳线、星形线、十字星；小K线沿现趋势相反的方向或高或低排列并保持在第一天大阳线的实体内；最后由一

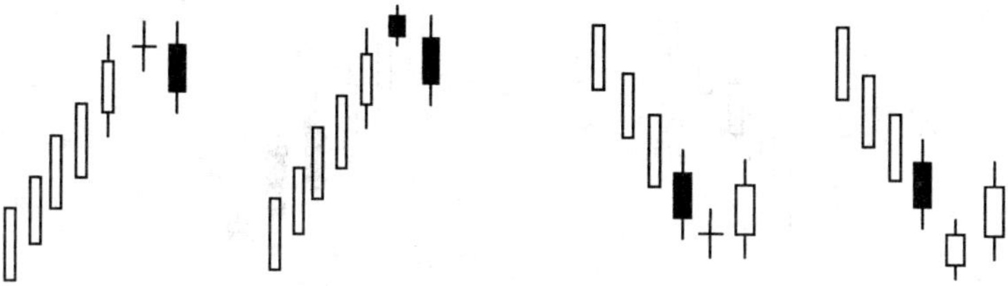

根大阳线确定了升势，汇价维持向上发展。下降三法则相反。上升三法和下降三法如下图所示。

（7）三连阳见顶和三连阴见底。三连阳见顶是在市场上升的顶部，第一和第二天是长阳线实体，第三天开盘价位置接近于第二天的收盘价，第三天是纺轴线并极有可能是星线。若几条阳线均带上影线则反转的意义更大。三连阴见底与其正好相反。三连阳见顶和三连阴见底如下图所示。

形态分析：

（1）双峰反转。双峰反转是指在汇价顶部或底部形成的两个波峰，也就是双重顶和双重底，人们常称之为“M”型“W”型反转。双峰反转形态并不一定意味着汇价的反转，也有可能在汇价回落

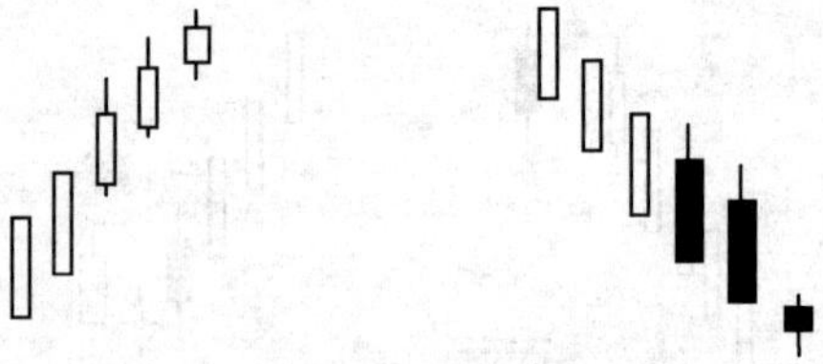

到颈线的过程中受到支撑线的支撑而上涨。这时汇价在支撑线和前面两个高点之间的区域内运动，形成三重顶、三角形等多种形态。两峰之间距离越远，也就是形成两顶底所持续的时间越长，则将来双重顶反转的潜力越大，反转后的波动也就越剧烈。双峰形态突破后的涨（跌）幅是形态本身颈高的1~3倍。双峰反转形态如下图所示。

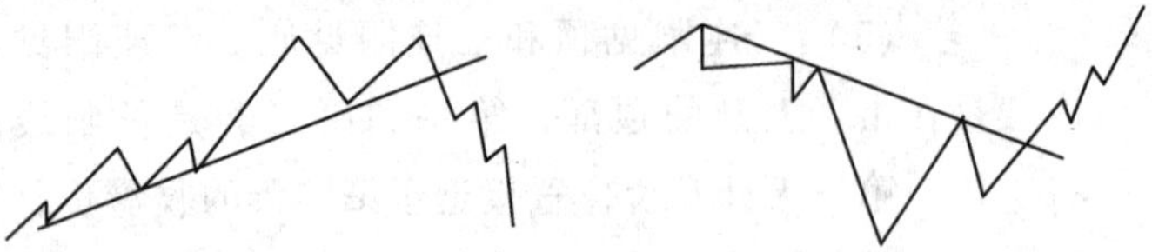

（2）头肩顶和头肩底。头肩顶表明一个长期趋势的转向且往往会在牛市的尽头出现。头肩反转形态一共出现三个峰。中间的峰比两边的峰都高，所以称作“头”。左右两个峰较低，所以称作“肩”。当头肩顶颈线击破时，就是一个真正的卖出讯号，虽然汇价和最高点比较，已回落了相当的幅度，但跌势只是刚刚开始，未卖出的投资者继续卖出。当颈线跌破后，我们可根据这型态的最少跌幅量度方法预测汇价会跌至哪一水平。方法是从头部的最高点画一条垂直线到颈线，然后在完成右肩突破颈线的一点开始，向下量出同样的长度，由此量出的价格就是该股将下跌的最小幅度。头肩底和头肩顶的形状差不多，主要的区别在于成交量方面。当头肩底颈线突破时，就是一个真正的买入讯号，虽然汇价和最低点比较，已上升一段幅度，但升势只是刚刚开始，尚未买入的投资者应该继续追入。其最少升幅的量度方法是从头部的最低点画一条垂直线相交于颈线，然后在右肩突破颈线的一点开始，向上量度出同样的高度，所量出的价格就是该股将会上升的最小幅度。另外，当颈线阻力突破时，必须要有成交量激增的配合，否则这可能是一个错误的突破。不过，如果在突破后成交逐渐增加，型态也可确认。一般来说，头肩底形态较为平坦，且需要较长的时间来完成。在升破颈线后可能会出现暂时性的回跌，但回跌不应低于颈线。如果回跌低于颈线，或是汇价在颈线水平回落，没法突破颈线阻力，而且还跌低于头部，则可能是一个失败的头肩底形态。头肩底升幅大多会多于其最少升幅。头肩顶和头肩底形态如下图所示。

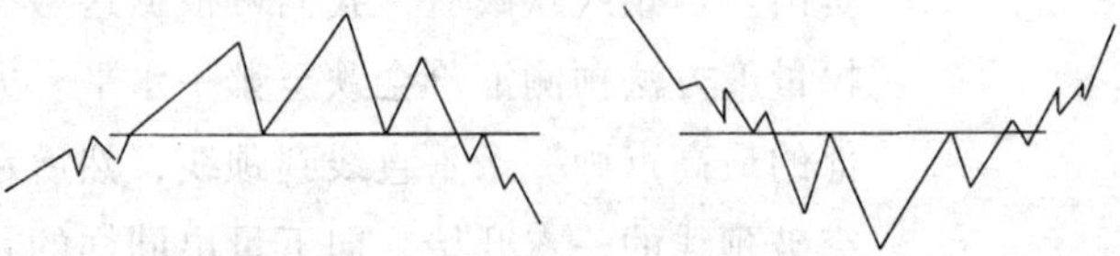

（3）三重顶和三重底。头部超过肩部不够多时，都称作三重顶或三重底。三重顶和双重顶十分相似，只是多一个顶，且各顶分得很开、很深。成交量在上升期间一次比一次少。三重底则是倒转的三重顶，分析含义一样。三重顶的第三个顶，成交量非常小时，即显示出下跌的征兆，而三重底在第三个底部上升时，成交量大增，即显示出汇价具有突破颈线的趋势。三重顶和三重底形态如下图所示。

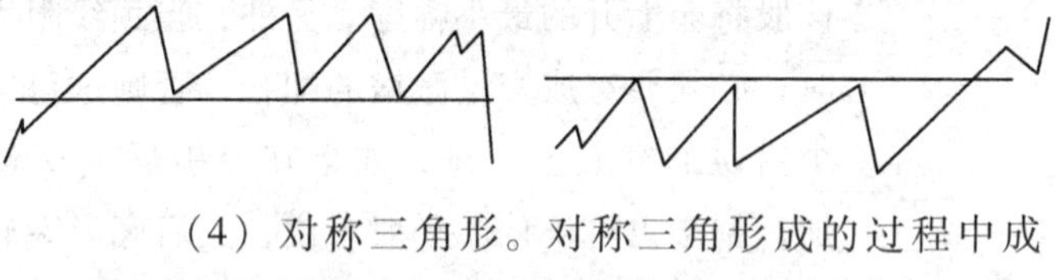

（4）对称三角形。对称三角形成的过程中成交量会不断减少，反映出投资者对后市犹疑不决的观望态度。对称三角形属于整理型态，汇价会继续原来的趋势移动。对称三角形的最少升幅量度方法是当股价往上突破时，从形态的第一个上升高点开始画一条和底部平等的直线，可以预期汇价至少会上升到这条线才会遇上阻力。至于汇价上升的速度，会以形态开始之前同样的角度上升。投资者从这种量度方法中可估计到该外币最少升幅的价格水平和所需要的完成时间。对称三角形如下图所示。

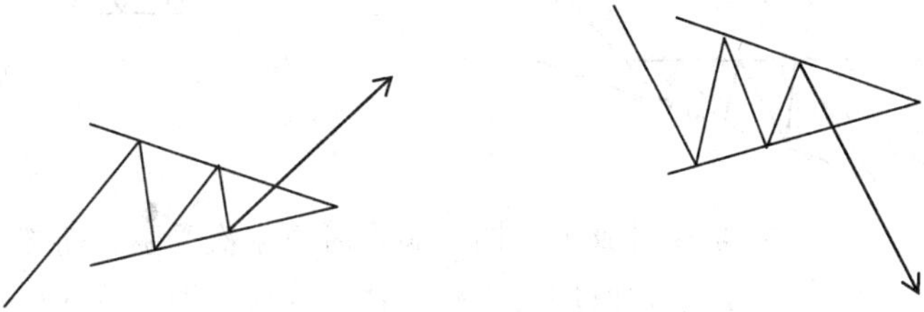

（5）上升三角形和下降三角形。上升三角形在上升过程中出现，暗示有突破的可能，下降三角形正相反。成交量在三角形的形成过程中不断减少，直至突破时才有大成交量配合。上升三角形在突破顶部水平的阻力线时，有一个短期买入讯号，下降三角形在突破下部水平阻力线时有一个短期沽出讯号。但上升三角形在突破时须伴有大成交量，而下降三角形在突破时不必有大成交量来证实。上升三角形和下降三角形都属于整理形态且有一定规律性，但亦有可能朝相反方向发展。应结合成交量等技术指标相互验证。上升三角形和下降三角形如下图所示。

（6）箱形整理。箱形是由一连串在二条水平的界线之间汇价变动线连接而成的形态，表明汇价在其范围之内出现上下波动。价格上升到某水平时遇上阻力掉头回落，但很快地便获得支持而升，可

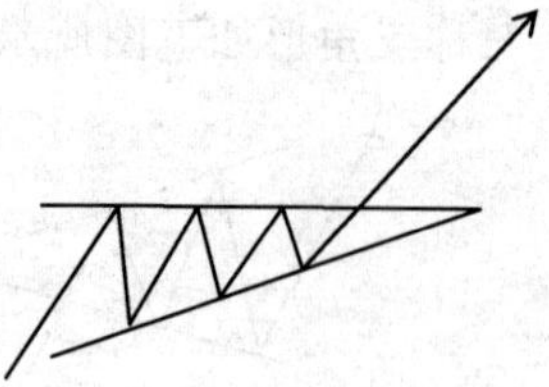

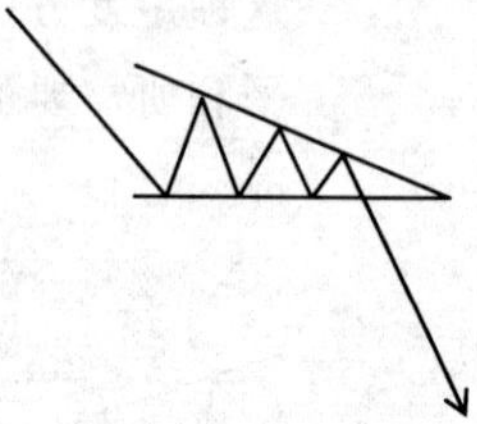

是回升到上次同一高点时再一次受阻，而挫落到上次低点时则再得到支持。这些短期高点和低点分别以直线连接起来，便可绘出一条平行的发展通道，且呈现矩形形态。矩形是整理形态，在升市和跌市中都可能出现，长而窄且成交量小的矩形在原始底部比较常出现。突破上下界限后有买入和卖出的讯号，涨跌幅度通常等于矩形本身宽度。一个高、低波幅较大的矩形，较一个狭窄而长的矩形形态更具威力。箱型整理形态如下图所示。

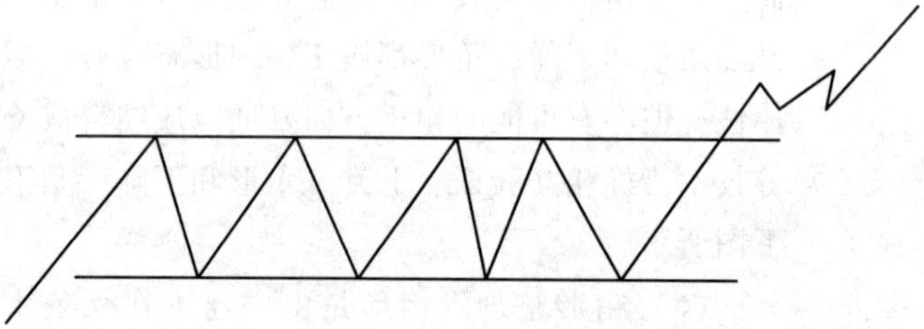

（7）旗形。旗形走势的形态通常在急速而又大幅的市场波动中出现，汇价经过一连串紧密的短期波动后，形成一个稍与原来趋势呈相反方向倾斜

的长方形。旗形走势又可分作上升旗形和下降旗形。旗形是个整理形态，形态完成后汇价将继续原来的趋势方向移动，上升旗形将有向上突破，而下降旗形则是往下跌破，旗形有一个时间标准，即旗形整理时间一般在7—14日左右。突破旗形后，上涨的幅度一般都不会少于旗形之前紧邻旗形的那波行情的空间。旗形形态如下图所示。

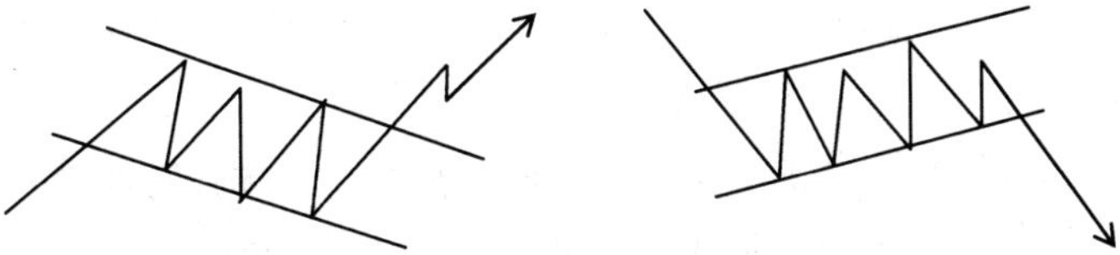

32.

美元逢弱，绕道美元换汇会更实惠

随着美联储、欧洲央行、日本央行相继推出新一轮的量化宽松政策，并有意抬高人民币汇率后，近期公布的经济数据对国内经济预期趋好也进一步刺激了人民币的需求。其实进入2013年以来，美元对人民币的汇率一直处在下行空间范围，尽管进入2015年2月由于人民币利率的再次调整，使得这种下行空间变窄，美元汇率略有提升，但人民币不会大幅贬值的总体趋势不会改变。主要理由是：首先，人民币走贬对出口竞争力的贡献不大，反而会增加输入成本，抬高出口价格，2015年3月份英国《金融时报》对欧美国家相继采取的主权货币贬值的市场效应做了分析报道，证明采取货币贬值的办法对发达国家刺激产品出口并不灵验。其次，若人民币大幅贬值，将大力削弱已在海外举外债及发行外币债券企业的偿债能力，令企业财务负担增加，降低企业的信贷评级，最终牵连到国内债权债务市场。同时，人民币汇率若出现异常变化，将对人民币被纳入特别提款权造成负面影响。

尽管美元走势持续趋弱，但在换汇方面，美元作为全球最广泛使用的货币的确在许多时候不得不作为重点考虑，特别是美元对不同国家货币的币值有不同表现的时候。（见表 14、表 15）

表 14　　中国工商银行 2015 年 3 月 17 日
9 点 50 分左右人民币汇率资料摘录

货币名称	现汇买入价	现钞买入价	现汇卖出价	现钞卖出价	工行中间价
美元	624.5900	619.5800	627.0900	627.0900	625.8400
欧元	658.1600	639.3300	662.7800	662.7800	660.4700
港币	80.4500	79.7900	80.7500	80.7500	80.6000
日元	5.1348	4.9879	5.1708	5.1708	5.1528
英镑	924.0500	897.6300	930.5500	930.5500	927.3000
澳大利亚元	475.2800	461.6900	478.6200	478.6200	476.9500
加拿大元	487.5500	473.6000	490.9700	490.9700	489.2600
泰国铢	18.9300	18.3400	19.0700	19.0700	19.0000
新加坡元	448.5000	435.6800	451.6600	451.6600	450.0800
挪威克朗	75.3100	73.1500	75.8300	75.8300	75.5700
韩元	—	0.5363	0.5559	0.5559	0.2780
瑞士法郎	618.3900	600.7000	622.7300	622.7300	620.5600

资料来源：新浪财经。

表 15　　　　中国工商银行 2015 年 3 月 17 日

9 点 50 分左右外汇报价资料摘录

币种名称	升降	买入价	卖出价	中间价	最高价	最低价
澳大利亚元/港币	∨	5.9096	5.9216	5.9156	5.9574	5.9116
澳大利亚元/加拿大元	∧	0.9732	0.9762	0.9747	0.9779	0.9734
澳大利亚元/美元	∨	0.7604	0.7634	0.7619	0.7671	0.7614
澳大利亚元/日元	∧	92.39	92.69	92.54	93.03	92.47
澳大利亚元/瑞士法郎	∨	0.7667	0.7697	0.7682	0.7715	0.7676
澳大利亚元/新加坡元	∨	1.0577	1.0607	1.0592	1.0652	1.0584
港币/日元	∧	15.6247	15.6607	15.6427	15.6497	15.6111
加拿大元/港币	∨	6.0631	6.0757	6.0694	6.0984	6.0686
加拿大元/日元	∨	94.79	95.09	94.94	95.23	94.92
加拿大元/新加坡元	∨	1.0852	1.0882	1.0867	1.0903	1.0864
美元/港币	∨	7.7613	7.7673	7.7643	7.7670	7.7642
美元/加拿大元	∧	1.2778	1.2808	1.2793	1.2794	1.2736
美元/日元	∧	121.31	121.61	121.46	121.52	121.25
美元/瑞士法郎	∨	1.0068	1.0098	1.0083	1.0088	1.0038
美元/新加坡元	∧	1.3887	1.3917	1.3902	1.3910	1.3881
欧元/澳大利亚元	∧	1.3833	1.3881	1.3857	1.3873	1.3814
欧元/港币	∧	8.1892	8.2052	8.1972	8.2474	8.1925
欧元/加拿大元	∧	1.3488	1.3524	1.3506	1.3537	1.3491
欧元/美元	∧	1.0543	1.0573	1.0558	1.0619	1.0552
欧元/日元	∧	128.06	128.40	128.23	128.79	128.15
欧元/瑞士法郎	∨	1.0627	1.0663	1.0645	1.0673	1.0637

续表

币种名称	升降	买入价	卖出价	中间价	最高价	最低价
欧元/新加坡元	∧	1.4655	1.4699	1.4677	1.4747	1.4669
欧元/英镑	∧	0.7110	0.7140	0.7125	0.7154	0.7121
瑞士法郎/港币	∧	7.6944	7.7064	7.7004	7.7372	7.6972
瑞士法郎/加拿大元	∧	1.2672	1.2702	1.2687	1.2712	1.2665
瑞士法郎/日元	∧	120.31	120.61	120.46	120.84	120.32
瑞士法郎/新加坡元	∧	1.3773	1.3803	1.3788	1.3844	1.3771
新加坡元/港币	∨	5.5800	5.5900	5.5850	5.5953	5.5822
新加坡元/日元	∨	87.22	87.52	87.37	87.45	87.24
英镑/澳大利亚元	∨	1.9414	1.9484	1.9449	1.9469	1.9327
英镑/港币	∨	11.4961	11.5141	11.5051	11.5361	11.4921
英镑/加拿大元	∨	1.8931	1.8981	1.8956	1.8964	1.8887
英镑/美元	∨	1.4803	1.4833	1.4818	1.4854	1.4798
英镑/日元	∨	179.75	180.19	179.97	180.21	179.48
英镑/瑞士法郎	∨	1.4916	1.4966	1.4941	1.4956	1.4878
英镑/新加坡元	∨	2.0567	2.0633	2.0600	2.0629	2.0558

资料来源：工商银行网上银行。

今年是李女士的女儿在加拿大留学的第二年。近期李女士在换汇时候发现，先用人民币买入美元后，再将美元兑换成加拿大元，比用人民币直接购买加拿大元要省钱得多。仔细研究后你会发现，针对欧元、日元、澳大利亚元等多种外币采用绕道美元购汇，均可省钱，幅度在0.15%～0.28%之间。

银行外汇分析人士表示，由于美元短期走弱，中期走强，国内居民可逢低购入美元并等待时机，年内再适时换购目标外币。以中国工商银行 2015 年 3 月 17 日星期二上午 9 点 50 分左右外汇牌价作为计算依据，人民币对美元汇卖价为 6.2709 元，对加元汇卖价为 4.9097 元；美元对加拿大元汇买价为 1.2808 元。若李女士需购汇 1 万加拿大元，通过直接购汇，需要支付人民币 10000 ×4.9097 =49097（元）。但李女士若采取绕道美元的换汇方法，即如果用美元兑换加拿大元，则当日需要 10000 ÷1.2808 =7807.62 美元指标；而按当时的购汇汇率计算，7807.62 美元仅需 48960.81 元人民币即可购得。因此，李女士如果绕道美元购 1 万加拿大元指标，可以省下 136.19 元的人民币开支。

其实，大家对照外汇参考牌价计算后就会发现，对于欧元、加拿大元、澳大利亚元、英镑、日元、新加坡元、瑞士法郎等外币，绕道美元换汇都可省钱。主要原因是：国内外汇市场用人民币换美元交易量比较大，而兑换其他外币的交易量较小，因此国内很多银行都会将人民币兑换非美元外币进行分拆对冲，即先将人民币兑换成美元，再用美元兑换其他币种，以减少交易成本。如果国内居民个人自己分拆，即同样采取绕道美元兑换的策略，比直接兑换非美元外币更优惠。

国内各家商业银行都有自己的优势货币，其赚取的点差会有所差异。哪种外币优惠最大，主要是看各个商业银行的点差。若你跟踪牌价变化会发现，即使是同一家银行，不同时间点段，各种外币绕道购汇省钱幅度也不同，若想通过多家银行寻找最低外币进行绕道购汇，需要仔细测算。不过有一点可以证实，对于港币，用人民币直接兑换却比绕道美元更划算。

如果用其他货币作“中间货币”换汇，是否也能省钱哪？专业人士的测算分析结果是用美元作为中间货币是最好的选择。主要理由是进入 2015 年后，业内人士普遍推测美元短期走弱中期走强。逢低购入美元后，年内再用美元换非美元货币更有实惠。就目前短期来看，美元会走弱，非美元货币的反弹会持续。中期来看，非美元货币没有走强的基础，而美元则会走强。因此，未来 2 ~ 3 个月有购汇需求的市民，可现在逢低分批买入美元。而用美元兑换其他外币，则要分清具体用途和用款时间。不急用钱的居民，目前不必急于换汇。

给你的提示和相关建议：一是购汇时间有窍门。建议购汇的国内居民可多选择早上购汇，因为早上外汇市场的波动是最小的，不建议晚上购汇。

另外，根据购汇不同的外币种类选择不同的时间。早上澳大利亚元、日元的波动会大一些；而到下午欧洲开市，欧元、英镑的波动会比较大。二是网银购汇更优惠。不要指望汇率有大的差价出现，自古以来外汇交易主要是靠“量”来赚钱。目前国内不同银行的外汇牌价虽然差别不大，但购汇量比较大的情况下折算成金额会有所不同。外汇买卖要货比三家。国内很多商业银行目前都开通了网银平台，居民个人可以通过网银购汇，并且不少商业银行为了吸引客户交易还规定使用网银结售汇还可享受点差优惠，因此建议大家在网银上购汇，然后预约去银行柜台提钞，可以节省自己的时间和部分金钱。

33. 都是私自换汇惹的祸

居民私下换汇是一种“逃汇”的违法行为。我国《外汇管理条例》规定，个人应在具有结售汇业务资格的金融机构及经批准的其他机构（如个人本外币特许兑换机构等）购买或卖出外汇。该条例第三十九条第（二）项规定“不按照国家规定将外汇卖给外汇指定银行”的“逃汇”行为，由外汇管理机关责令限期调回外汇，强制收兑，并处逃汇金额30%以上5倍以下的罚款；构成犯罪的，依法追究刑事责任。私自买卖外汇、变相买卖外汇、倒买倒卖外汇金额为等值20万美元以上，或非法所得人民币5万元以上的，即构成犯罪。但现实生活中，有些居民个人为了贪图小利而私自交易外汇，事后发现被骗而损失难以追回。

2000年6月的一天上午，在上海静安区身为白领的许某，从设在一家五星级宾馆里的中国银行网点里取出3780美元准备卖掉。当她走出宾馆大门并准备打车回公司时，边上凑上一位30多岁的张某，称要以高于银行牌价0.46元的价格，用人民币换走她手中的美元，并得到了许某的默许。许某从随身携带的票夹内凑足了3900美元。张某却称钞票不够，用手机通知朋友何某再送些钞票过来。双方为调换的人民币真伪之事，来到隔壁一家工商银行的营业点验钞。这时何某赶到，借口辨认其中一张美元的真伪，用遮眼法趁许某不备移花接木调了包。得手后的何某、张某齐声埋怨8.73的价真是没有任何赚头。眼看美元已在对方手中，人民币却又拿不着，许某不耐烦地说道“不换就算了”，同时迅速接过何某递回的美元塞进了自己包内。而何某、张某则乘机迅速启动停在门外的摩托车离去了。过了几分钟后，察觉有点不对劲的许小姐赶紧从包里翻出那叠美元一看就傻眼了，手中的那叠美元除了最上面一张及最下面一张是100美元的真钞外，其余中间夹杂的38张全部是1美元票面的低面值美元。3900美元转眼间“缩水”到238美元，慌了神的她急忙用手机拨打“110”报警。

2006年北京某日上午，刚晨练完往家走的张大爷被一名年轻人拦住打听某公司地址。当张大爷回答不知道时，旁边一名男子说他知道，并热情邀张大爷一同前往看看。在路上，三个人聊了起来。年轻人说他是外地某大公司的经理。开车到北京来送货路上撞了人，车和司机都被交警押在高速路上了，而他身上只有外币，只好进城来找关系单位借现金。那男子说他正需要外币，请年轻人换点给他。于是，年轻人拿出一张面值 1000 元的“澳元”，以 1∶4.2 的比率换给了男子。趁年轻人打电话的空当，男子小声对张大爷说：“我在银行上班，这比率太低了，银行是 1∶5.8，到时候到银行换钱，能赚不少差价”。该男子当场给“银行经理”打电话并得到“证实”后，就和张大爷商量买下年轻人的外币。而年轻人急着用钱也同意了。张大爷动心了。瞒着老伴急急忙忙从家中取来 50 多万元人民币，从年轻人手中换了 15 万元所谓的“澳元”。后来，张大爷到银行询问得知自己手中的 15 万元并不是澳元，而是在我国不流通的秘鲁币。张大爷只得向警方报案。

2014 年，随着出国留学人数的增多，银行换汇服务的规模在迅速膨胀，有的家长发现了“捷径”。家住天津河西区的吕先生，其儿子在英国读书。为了给儿子支付学费和生活费，吕先生打算在银行开立账户，先用人民币购汇，再将换到的英镑汇至孩子在英国的账户上。他去银行给孩子办理汇款时，一位看起来也是在银行办理业务的女士主动和他搭话，问他是往哪个国家汇款，汇给谁。吕先生回答后，这位女士向他提出建议：她有亲戚居住在英国，手中有较多的英镑，她的亲戚可将手中的英镑交给吕先生的孩子。孩子收到钱后，吕先生在天津将相应的人民币转交给这位女士即可。吸引吕先生的是她不收手续费，说汇率也可以比银行低一些。吕先生当时心动了一下，但是没有当场同意，回家一查，才知道这种情况属于违法。

从多年来不断发生的案例来看，居民私下兑换外汇可能面临最大的风险就是收到假币或钱款被骗。众多案例表明，私人换汇没有信誉可言，钱财被骗的可能性极大。一旦既成事实，一方面很难找到犯罪嫌疑人追回损失，或即使是找到犯罪嫌疑人其款项也被挥霍一空；另一方面也给国外生活的孩子造成巨大的麻烦。目前，国内银行为居民购汇及境外汇款提供了多种方便的服务方式，不应铤而走险而只为一点蝇头小利。私下换汇还有被卷入地下钱庄非法外汇交易的可能。据了解，国家外汇管理局与公安机关联合查处的多起地下钱庄案件，大多是以办理本外币非法汇兑为主要业务的。通过地下钱庄进行交易的资金主要是非法投机的“热钱”、逃避税费监管的资金、通过正常途径难以实现划转的资金以及私自汇款换汇形成的资金。通过地下钱庄的网络交易，避开了对来源审查、资金汇兑等监管和法律法规限制。